넥스트
커리어

넥스트 커리어

김세화 지음

NEXT CAREER

생각나눔

차례

4

시대변화의 촉

5

그렇다. 창의성이다!

6

논리가 있어야 창의성이 빛난다

7

일의 성공과 자아의 성장

당신의 일,
현재와 미래를 위해 Next Career를 준비하라!

한국 노동연구원(2015)은 "직업 중 52%가 20년 내 사라진다."라는 발표를 하였다.

한국경영자총협회(2016)가 전국 306개 기업을 대상으로 한 '신입사원 채용 실태 조사 결과'에서 대졸 신입사원의 1년 내 퇴사율이 27.7% (300인 이상 기업 9.4%, 300인 미만 기업 32.5%)임을 밝혔다.

뉴스 1은 "초중고 교사의 77%는 현재의 시험 내용 중 절반 이상이 미래사회에 불필요한 내용이라고 생각한다."라고 보도했다(2016년 9월).

세계경제포럼의 「직업의 미래 보고서」에 따르면 2020년에 필요한 직업 능력으로는 복잡한 문제 해결 능력(36%), 사회적 기술(19%), 프로세스 기술(18%), 시스템 기술(17%), 인지능력(15%) 등이나 우리 제도권 교육은 현재까지도 인지 교육에 치중해 있다.

나는 스물아홉에 덴마크 브렌드럽의 포크호이스콜레에서 유럽, 아시아 청년들과 함께 진정한 행복의 의미와 평화로운 공존, 그리고 이를 위한 다양한 학습유형을 공부하였다. 내가 만난 덴마크는 천국이었다. 다채로운 하늘빛과 푸른 초원에서 한가로이 풀을 뜯는 젖소들, 빨간 사과가 주렁주렁 달린 가로수와 동네 사람들이 즐기던 요트와 승마는 환상적이었다. 덴마크 사람들은 또 어떤가? 검소하고 소박한 생활을 유지하면서 교양 있게 배려하던 그들은 매력적이었다. 무엇보다도 당시 금요일 오전까지만 근무하던 주 4.5일제와 일·가정 양립의 업무환경, 그리고 자신이 원하는 배움과 성장을 평생 할 수 있는 교육시스템이 너무 부러웠다.

그 기억을 잠시 묻어 두고 한국으로 돌아온 나는 다시 세상이 요구하는 노동과 경쟁, 스펙 쌓기에 지쳐갔다. 조직생활의 어려움을 견딘다고 하더라도, 몇 푼의 월급에 인생을 저당 잡히고 서서히 나이 들어가는 것을 견디기 힘들었다. 그런데 이런 고민을 나만 하는 것은 아니었다.

금수저가 아닌 대부분의 사람들은 일을 준비하고 일을 하며 일과 함께 평생을 살아간다. 초등학생들에게 꿈이 뭐냐고 물어보면, 대개 '연예인', '프로게이머', '의사' 등 직업적 희망을 말한다. 우리나라 사람들은 꿈이 곧 직업적 희망일 정도로 좋은 직업에 대한 열망이 대단하다. 그리고 그 좋은 직업을 찾거나 유지하기 위해 거의 평생을 배우고 훈련하거나, 일하고, 스트레스받고, 고민한다. 초등학생부터 대학생까지, 또 대학 졸업 후 취업준비를 하면서, 그리고 안정된 직장에 취업을 한 이후에도 두렵고 불안하거나 혹은 힘들기는 마찬가지이다.

그러나 지금 초중고 자녀에게 "공부해라, 숙제해라." 하면서 티격태격하고 있는 부모가 있다면 실은 전혀 의미 없는 내용을 가지고 안 해도 될 신경전을 펼치는 것일 수도 있다. 나는 내가 취업준비생들에게 하는 강의들도 어쩌면 곧 얼마지 않아 그들의 퇴사를 고민하는 시점에서 쓸데없는 지식이 될 수도 있겠다는 생각이 들었다. 그래서 개인은 물론 사회가 더 많은 사람들이 더불어 행복할 수 있는 일의 미래상을 찾는 게 먼저가 아닌가 생각하게 되었다. 그러나 불황과 경기침체, 심각한 취업난 속에서 많은 사람들이 일의 의미를 찾고, 더 나은 커리어를 꿈꾸며 성장하기보다는 먹고사는 문제를 해결하기도 힘들어 한다.

그래서 지난 17년간 일의 경험 속에서 부딪히고, 상처받으면서 도전했던 '일의 의미 찾기'와 우리들의 일의 미래에 관해서 이야기하고자 한다. 나 자신의 넥스트 커리어를 찾는 과정에서 활용했던 맥킨지식 문제해결능력과 창의적인 아이디어 촉진 기법, 하버드가 제안한 브레인 스워밍 등 최신의 사고의 툴도 공유하고자 한다.

인사조직 전공자로서 나의 학자적 지식과 피고용인이자 취업특강 강사로서 경험이 현재 일을 하는 사람은 물론이고, 앞으로 일을 준비하는 사람 모두에게 도움이 되었으면 한다. 지금까지 성실하게 살아왔으나 아직 인생의 충만함으로 보상받지 못한 당신이라면, 이 책을 통해 삶의 본질에 대해 다시 묻고, 커리어적 성취를 위한 해답을 찾아갈 수 있을 것이다. 그것은 결국 '진정한 일의 의미'를 찾고 시대가 요구하는 실력으로 그다음 일에 대한 도전을 시작하는 과정이 될 것이다. 개인적으로는 이 책이 '더 많은 사람들이 좋아하는 일을 하면서 먹고사는 문제를 해결할 수 있도록' 하는 사명 실천의 첫 징표가 되었으면 한다.

출간 소감으로 S라인 학파의 중심이신 심덕섭 전남대학교 교수님, 나의 인생의 멘토이신 정찬용 인재육성아카데미 이사장님, 김성산 금호아시아나 그룹 부회장님, 강행옥 변호사님, 조성은 무진기연 사장님, 김호림 꿈과도전 이사장님, 최경아 님께 감사드린다. 또 항상 자랑스러운 나의 친구들 후경, 진희, 은미, 혜진, 은희와 전 직장동료인 마리아와 춘화에게도 인사를 전한다.

끝으로 지난한 학업과 저술의 과정에서 항상 힘이 되어주었던 남편 여인호 씨와 나날이 성장하고 있는 아들 여남주에게도 사랑을 전하고 싶다.

2017년

1

당당하게 사표 내는 날

대기업 '꽃보직'도 괴롭다

나는 NGO에서 9년 정도 근무하다가 서른다섯의 나이에 대기업에 입사하였다. 흔치 않은 커리어로 대기업에서 8년간 근무하며 압축성장과 번아웃을 경험하였다. 그 시간은 늘어나는 통장 잔고 대비 줄어가는 정서적 잔고 사이에서 끊임없이 갈등하는 과정이었다.

최근까지 내가 다니던 회사는 대기업 집단의 지주회사로 소위 '탄탄한' 회사였다. 주변 사람들은 적잖은 연봉과 복지 시스템을 갖춘 그 회사에 근무하는 것에 대해 많이 부러워했지만 나는 답답했다.

조직 내에서는 제법 비중 있는 일을 맡고 있었지만, 일에서 재미나 의미를 찾기 어려웠다. 타인을 돕거나 지역사회 발전에 기여하는 등 공공의 가치 추구에 익숙했던 나에게 사기업의 회사생활이 좀 맞지 않았을 수도 있겠다. 어느 정도 시간이 흐르고 조직 전반이 눈에 들어오니 새로움, 배움, 성장, 이런 것에 더 목이 말랐다. 제법 나이도 들고 학력과 경력이 늘어 갈수록 조직 속에서 대체 가능한 개인으로 '나'에 대한 한계를 더 느끼게 되었다. 일소처럼 일하고, 업무의 성과에 대해 인센티브도 받았지만, 충분하다는 느낌은 들지 않았다. 나의 열정과 시간, 긴장감 속에 영혼까지 털리는 것 같은 느낌에 대한 보상치고는 별거 아니게 느껴졌다.

퇴사 직전 3년간 내가 맡은 업무는 복합 몰의 부동산 임대차 계약 및 상권 개발이었다. 젊은이들이 즐겨 찾는 복합 몰을 만들기 위해 새로운 브랜드 매장을 유치하고 상권 활성화에 노력했다. 회사를 대리해서 임차인과 계약을 추진하다 보니 회사 측에 유리한 협상 결과를 얻기 위해 실랑이를 벌여야 하고, 또 본의 아니게 타인에게 상처를 줘야 할 때도 있었다. 업무시간에 집중하고 긴장하다 보니 퇴근 후 기진맥진이었다. 박사학위를 마치고 싶었지만, 스트레스로 인해 논문 한 편 읽을 마음에 여유를 찾지 못했다.

직장생활의 딱 하나 좋은 점이라면 "어디 어디에 다녀요." 타인에게 말하기가 편하다는 것이었다. 회사 건물이 이름만 대면 다 아는 랜드마크라 누가 '어디 근무하느냐?'고 물을 때 구구절절 설명하지 않아도 되었다.

일은 끝도 없이 몰아쳤고 그 일을 해내다 보니 시간이 갈수록 회사의 기대도 커졌다. 기대가 참 부담스러웠지만 "잘한다, 잘한다." 하는 추임새에 계속 재주넘기를 하였다. 무능력하다는 평가가 싫어서, 무엇보다 "여자지만 더 잘한다."라고 인정받고 싶은 욕심에 무리했다. 기존 남성 중심의 대기업 문화에서 가시적인 성과를 보여 뭔가 다른 메시지를 주고 싶었던 것 같다. 여성 역시 남자와 같이 책임 있고 믿을만한 비즈니스의 주체라는 것을 말이다. 한편으로는 다른 여직원들에게 롤모델이 되어서 유리 천장을 극복하고 커나가도록 앞길을 터주고 싶기도 했다.

임대 상권 개발 업무를 하기 전에도 문화홍보팀에서 새로운 문화 공연시설을 오픈하고 성장시켜야 해서 스트레스를 많이 받았다. 맡겨진 일을 잘해보겠다고 '애'를 쓰고 밤마다 공연 티켓을 파는 꿈을 꿨었다. 그렇게 몰입하다 보니 다른 문화예술시설보다 재정자립도를 높이면서도 공연과 전시가 활성화되면서 성과도 좋아졌다.

업적과 성과에 스스로 집착하며 살다 보니 퇴근 후 술 한잔에 의존하는 날이 많아졌다. 또, 쉬는 날엔 소비와 TV 시청을 하며 다시 일하기 위해 스트레스를 비워야 했다.

직장생활의 쓴맛을 알게 하는 그 이름, 상사

아침마다 챙겨 듣는 CBS 라디오 '김현정의 뉴스쇼'에서 어느 날은 좀 참신한 분이 게스트로 출연하였다. 문유석 부장판사라는데, 당시 '전국의 부장님들께 감히 드리는 글'로 유명해졌다. 주제는 부장님들의 꼰대질에 대한 조언이었다. 왜 전국의 모든 부장님들은 본인들 내킬 때마다 회식을 잡고, 회식장소를 1인 리사이틀로 만들며, 가뜩이나 부족한 직원들의 시간을 축내고 있을까? 젊은이들과 진정한 소통의 시간을 가지고 싶다면, 자신의 인사권이 미치지 않는 이웃 주민이나 동호회 후배들에게 하면 될 텐데 말이다.

나는 18년 조직생활을 하는 동안에 품성도, 능력도 훌륭한 상사를 여러분 만났다. 힘든 일에는 솔선수범하면서 부하 직원을 알뜰하게 챙기는 분들이 흔한 것은 아니다. 운이 좋은 탓인가, 이런 분들에게 보고 배울 기회가 많았음에 감사드린다.

TVN 방송 「미생」의 공식 홈페이지 '직장생활 Q&A' 게시판에는 댓글을 제외하고도 200건이 넘는 글이 게시되었다. 그런데 게시글의 대부분은 비정상적이며 거의 제정신이 아닌 상사에 관한 이야기였다. 드라마에 나오는 오상식 과장(이성민 분)은 현실에서는 정말 찾기 힘든가 보다.

내가 아는 한 후배도 자신의 뇌가 온통 자신을 괴롭히는 상사로 들어찰 만큼 엄청 힘들게 직장생활을 했었다. 이틀에 한 번꼴로 인신공격과 욕설을 받아야 했던 그 후배는 회사를 그만두지는 못하고, 완전 주눅 들어서 직장생활을 했다고 한다. '저러다가 회사 그만두는 것 아냐?' 또는 '자살하는 것 아냐?' 하는 불안감이 들 정도로 힘들어 보였던 후배. 그러나 시간이 흐르면서, 온갖 욕설과 매일의 고성에 익숙해졌다. 그러더니 자기도 상급자가 되고 나서는 후배가 자기를 선배 대접해주지 않는다며 은근 후배를 잡았다.

너도나도 피해갈 수 없는 괴로움, 상사. 우리는 왜 상사 때문에 힘든 것일까? 직장인들이 벗어나고 싶어 하는 상사의 유형을 직·간접적 경험을 통해 알게 되었고 그 내용을 정리해 보았다.

스트레스 유발 상사 유형

✔ 강약약강형

30대 중반까지는 '강한 자'에게 강하게, '약한 자'에게 약하게 대하는 것이 정상적 행동 내지는 매너임을 믿어 의심치 않았다. 그러나 그 이후에는 '강한 자'에게는 하염없이 약하고, '약한 자'에게는 강철보다 강한 사람들을 보는 일이 많아졌다.

K씨는 비겁한 인간 유형의 대명사였다. 담당 임원이나 부장님이 업무지시를 내리면 항상 "열심히 하겠습니다. 무엇이든 하겠습니다." 가장 큰소리로 대답했다. 그래 놓고 본인의 일은 미루기 일쑤이다. 업무현장에는 보이지도 않고, 회사에서 PC 게임 하고, 농담이나 주고받고, 개인적 용무에 외출이 잦더니 임원이 현장에 나타나기만 하면 어떻게 알았는지 제일 먼저 나타나 일하는 척을 한다. 더 나쁜 것은 자신보다 아래에 있다고 생각하는 아르바이트생이나 계약직원에게는 자신이 언제라도 맘에 들지 않으면 그들을 자를 수 있다며 충성을 강요한다. 그뿐만 아니다. 밤늦게 여자 아르바이트생에게 전화해서 추근대고, 회식을 강요하고, 진짜 최악이다.

✔ 성과 집착형

흔하게 있는 유형이다. 아마 나도 직장에 더 남아 부장, 임원을 했다면 이런 유형이었을 것이다. 내가 더 높은 직급으로 올라가지 않은 것이 다행이라는 생각도 든다. 나조차도 성과에 집착해서 직원들을 괴롭혔을지 모르니까 말이다. 목표만 보고 달려가고 그 과정에서 부하 직원이 힘든지, 아니면 나 자신이 힘든지도 돌보지 않았을 테니까 말이다.

✔ 개매너형

개중에는 사회생활의 기본 매너가 너무 부족한 상사도 있다. 입만 열면 욕설에 인격 비하 발언을 일삼는다. 그 발언의 직접 대상이나 본의 아니게 듣게 되는 간접 당사자나 모두 피해자가 된다. 사무실에서 내 귀를 씻고 싶을 때가 한두 번이 아니었다.

고성과 욕설로 사무실 분위기를 한층 험악하게 해놓고는 자신의 가족과 통화하거나, 사적인 이유로 전화통화를 할 때마저 스피커폰 기능을 이용해 중계를 한다. 거기에 더해 업무시간에 영화나 스포츠 경기를 볼륨 높여 즐긴다. 옆에서 다른 직원들은 보고서 만들고 미팅하고 정신이 없는데 말이다. 사무실에서 면도하거나 손톱을 깎고, 코 골고 자는 행동은 애교로 봐줄 정도이다. 그런 사람은 주변 사람들에게 모욕감이 들게 한다. '저 상사의 눈에는 내가 사람으로 보이지 않으니 저런 행동을 하는 것이 아닐까?' 싶어서 말이다. 더 슬픈 현실은 이런 개매너 행동을 수시로 하는 상사에게 팀원 누구도 이의 제기하지 못한다는 것이다.

✔ 사장인 줄 착각형

꼴랑 팀장만 달고도 본인이 사장인 줄 착각하는 사람도 있다.

부하 직원을 비서인 양 개인 심부름을 시킨다. 본인의 세탁물 맡기고 찾기, 자기 집에 필요한 물건 사러 갈 때 짐꾼으로 동행하기도 한다. 개인 구두 닦아오라, 은행에서 현금 찾아와라, 주문이 끝이 없다.

심지어는 직원을 대리기사로 쓰기도 한다. 술 마신 다음 날 부하 직원에게 픽업을 주문한다. 본인은 높은 월급에 수당까지 받아 챙기면서 주유비 한 푼 보태지 않는다. 그리고 회식 때는 법인카드로 결제하는 거 뻔히 아는데도 본인 돈으로 사는 것처럼 생색을 내기도 한다.

✔ 천재인 줄 착각형

본인이 사장인 줄 착각하는 유형에 이어 본인이 천재인 줄 착각하는 유형도 있다. 자신이 하는 것은 언제나 옳고 자신은 모든 걸 다 알고 있다고 한다. 본인은 다 알고 다 옳고 타인은 다 틀리고 부족하다. 그게 맞다면 대체 '민주주의', '집단지성'은 왜 대두됐다는 말인가? '자신이 뭐 전지전능한 신인가?' 속으로는 웃지만, 이렇게 시대착오적인 자뻑 천재에게도 '네, 네.' 맞장구쳐야 하는 게 직장생활이다.

✔ 자유방임 무능력형

부하 직원에게 모든 걸 위임하고 광범위한 자율을 허용하는 이 유형은 크게 미움을 사지 않는다. 능력 있는 부하 직원만 있다면야 이런 상사와는 아주 잘 맞을 것이다.

그러나 이런 상사의 함정은 보고체계에 있어서 상하 간 소통에 취약하다는 것이다. 일은 아랫사람이 다 하라고 맡겨두니, 무슨 내용으로 일이 되는지, 어느 만큼 진척됐는지 장악하고 있지 못하다. 윗사람이 어느 날 프로젝트 진행사항에 대해서 물으면 머리만 긁적이고 대답하지 못하는 것도 이런 유형이다.

그러다 보니 팀 전체 성과를 갈무리하지 못하고 비전도 주지 못하고 통솔도 되지 않아 팀을 좌초 위기에 빠트린다.

✔ 1인 리사이틀 회식형

회식 때 술만 마시면 직권을 이용해 1인 리사이틀을 여는 상사도 있다. 본인의 개똥철학을 계속 부하 직원들에게 설파하거나, 노래방에서 마이크를 잡고 놓지 않는 식이다. 혹은 1차부터 3차까지 풀코스로 본인이 먹고 싶은 것, 하고 싶은 것으로 설계하는 상사도 있다. 육류를 좋아하는 팀장을 만나면 그 팀장이 있는 한 계속 삼겹살, 곱창, 족발로 회식을 하고, 회를 좋아하는 팀장을 만나면 매번 회를 먹는다. 회식장소는 아무리 멀더라도 팀장네 동네를 기쁘게 감수해야 한다.

지독한 '상사 이기주의'가 부하 직원들의 퇴사 욕구를 부채질한다.

그러나 결국 그들도 피고용자

미국식 연봉제, 성과평가제에 기반한 기업의 인사시스템이라는 것은 자연법칙을 무시한 비정상적인 시스템이다. 경기의 변화나 업황과 상관없이 무조건 전년 대비 성장해야 하고 목표를 달성해야 한다. 세월호나 메르스, 촛불 정국 같은 어마무시한 경제

환경에 변화가 있더라도 어떻게 해서든 성장해야 하고, 연초에 세운 KPI(Key Performance Index, 핵심성과지수)를 달성해야만 한다. 외부적 위기에도 불구하고 매출액이나 영업 이익을 매년 성장시키는 것이 쉬운 일은 아니지만, 의외로 많은 기업들이 해내고 있는 일이기도 하다.

자영업의 경우는 다르다. 가령 닭을 취급하는 업의 경우 AI가 오면 타격을 받고, 삼복더위에는 수량이 부족하고, 스포츠 경기 같은 굵직한 행사가 있으면 더 잘 팔리고 하는 게 자연스럽다. 이러저러한 상황이 있으니 감수하는 분위기가 있다. 그러나 우리나라 대기업 임직원은 어떤 상황에도 불구하고 연초 세운 목표를 달성할 것을 요구받는다. 목표 미달은 곧 무능력자임을 조직 내에서 확인받는 것이고, 이것은 인사상 불이익과 연봉 계약 시 감액 요소로 작용한다. 더구나 대기업 임원은 대개 1년 단위 계약직 신분이니 고용연장을 위해 더 성과에 집착하게 된다. 이는 결국 물불 안 가리는 사람을 만들고, 갑의 지위를 이용해 많은 '을'들에게 압력을 행사하게까지 한다. 시스템 자체가 비인간적인 면모를 품고 있다.

이런 비정상 속에서 성과주의로 가다 보면 다치고 상처받고 피해받는 누군가가 생긴다. 그러다 보면 여론의 뭇매를 맞고 기업 이미지가 나빠진다. 이런 것들을 막기 위해 생긴 경영학적 장치가 BSC[1]이다. 그러나 현실은 이것이 관리 대상의 요식절차로 전락하는 경우가 많다.

---

1 조직의 비전과 전략을 달성하기 위해 수행해야 할 핵심적인 사항을 측정 가능한 형태로 바꾼 성과지표의 집합을 말한다. 전통적인 재무제표뿐 아니라 고객, 비즈니스 프로세스, 학습 및 성장과 같은 비재무인 측면도 균형적으로 고려한다. '고객 중심 경영' 및 '장기적 성장 가능성' 등의 개념에 부합되는 것이라 할 수 있다

또 기업의 사회적 책임이나 적정이윤의 원칙, 직원과 동반성장, 협력업체 상생경영은 진심 없는 가식으로 변색되기 쉽다.

그래도 밖은 추울 텐데

'그래도 밖은 추울 텐데.'라는 생각에 회사를 쉽게 떠날 수가 없었다. 회사에 들어오려는 젊은이들은 줄을 서 있었고, 지방에서 내 나이 여성에게 그 정도 연봉이 보장된 직장을 찾기는 정말 어려웠다. 무엇보다 연봉에 따라 늘어버린 씀씀이는 회사를 더 포기하기 어렵게 만들었다.

그만두기 한 1년 정도는 "그래도 회사가 감옥보다는 낫다."라는 심정으로 버텼다. 진짜 그건 회사를 '다닌다'기보다 '버틴다'라거나 '견딘다'는 게 맞을 것이다. 내 남편은 맏아들, 나는 맏딸, 누가 시킨 것도 아닌데, 나는 양쪽 집안 어머니들의 노후를 책임져야 한다는 의무감을 갖고 있었다. 그래서 나는 두 어머니들을 생각하며 버텼다.

퇴사를 생각하며 이런저런 궁리를 해봐도 뾰족한 수가 보이지 않았다. 그래서 사표를 마음에 품고 3년 이상 근무를 했다. 퇴사를 결심하고 나자, 나 말고 다른 사람들이 보였다. 동료, 선배, 후배들의 지치고 짠한 모습은 퇴사 결심을 굳히게 하였다.

늘 긴장감 속에서 윗사람들의 눈치를 살피는 동료들의 모습이 좋아 보이지 않았다. 나 역시 다른 사람들의 눈에 그런 사람이었을지도 모른다. 그들이 회사 밖에서 행복한 모습으로 살았는지는 모르겠으나, 회사에서의 생활이 썩 행복해 보이지 않았다. 이는 직급과 상관없이 비슷한 모습이다. 왜냐면 고위 임원조차도 오너 기업인이 아닌 이상 피고용인 신분이며, 자신의 용퇴가 타인에 의해 결정될 가능성이 높기 때문이다.

취업은 일하는 기쁨을 얻을 수도 있는 기회이지만, 자유와 개성이 강조되는 분위기에서 넓은 세상을 마음껏 경험한 젊은이들에게는 참고 버티는 고통의 시작이 될 수도 있다. 나처럼 '인생에 뭔가 다른 게 있겠지.' 하면서 계속 인생을 업그레이드시키려고 하는 사람들은 어렵게 들어간 직장을 다시 어렵게 나올 것이다. 그러나 안정적 월급의 매력에 빠진 경우나, 만족과 감사가 몸에 밴 초 긍정주의자거나, 혹은 직장생활에 젖어 회사 밖의 삶이 두려운 경우는 머무른다. 심리학자들도 우리가 내리는 결정들의 80퍼센트는 두려움에 바탕을 둔다고 하였다.[2]

전공과 실무경험을 살려 한 7년간은 주말을 이용해 취업준비생들에게 직무능력 관련 강의를 해왔다. 그들의 반짝이는 눈빛과 열정을 보는 것은 좋았지만, 나 자신이 직장생활에 너무 찌들어 있고 회의가 많아서 그들을 만날 때마다 내가 속임수를 쓰는 것 같은 느낌이 들었다.

2 류시화(2017), 『새는 날아가면서 뒤돌아보지 않는다』, 더숲

그들이 아직 올라보지 않은 산의 정상에 대해 올라오면 분명 많은 것을 잃을 것 같았지만, '여기에 올라오려면 이것을 준비해야 돼.'를 가르치고 있었다. 내가 하고 있는 교육내용이 진정으로 그들에게 유의미한 것인지 자신이 없어졌다.

한국경영자총협회(2016)가 전국 306개 기업을 대상으로 한 '신입사원 채용 실태 조사 결과'에서 밝혔듯이, 대졸 신입사원의 1년 내 퇴사율이 27.7%(300인 이상 기업 9.4%, 300인 미만 기업 32.5%)이다. 그들 중 상당수가 취업 후 얼마 안 되어 불행을 느끼고 퇴사를 고민할 것인데, 취업 스킬 강의에 목청을 높이는 것은 참 아이러니했다.

2

일의 진정한 의미 찾기

일에도 화장발, 조명발이 있다

직장생활 20년 차입니다. 자동화 시스템이 도입되어 회사에서는 제가 몸담은 부서의 인원을 지속적으로 감축하고 있어요. 회사에 다니는 게 눈치도 보이고 저도 더 이상 회사에 미련도 없지만, 아직 젊은 나이에 회사를 그만두고 무슨 일을 할 수 있을지 막막합니다. 제 꿈도 모르겠고 하고 싶은 것도 모르겠어요. 이직준비를 해야 하는 건 알겠는데, 어디서부터 시작해야 하는지, 두렵고 막막해요. (43세, B씨)

취업준비 1년 차입니다. 금융권에 입사하고 싶어요. 금융권 입사를 결심하게 된 이유는 다른 일에 비해서 높은 연봉과 복지혜택 때문이죠. 그런데 금융 관련 자격증과 토익점수 등 기본 요건을 준비하기가 벅차요. (26세, K씨)

저는 취업 준비한 지 3년 됐어요. 취업공고가 뜨면 어디나 지원서를 내봅니다. 어디든 걸렸으면 좋겠다는 마음이죠. 지원하는 회사를 특별히 동경한다거나, 그 일을 특별히 좋아한다거나 하는 것은 아닙니다. 대기업 계열사면 짱인데요. (28세, Y씨)

내가 어렸을 때나 지금이나 우리의 학교 교육이라는 것은 대량의 노동력을 공급하는 역할이 크다. 일터에서나 교육현장에서나 한 사람 한 사람의 가치와 개성을 중시하기보다는 거대기계의 부품처럼 취급하기 쉽다. 이 시스템 속에서는 개인이 스스로 자각하고 변화 노력을 하지 않으면 그냥 부품으로서 살다가 죽어가게 된다.

취업을 준비하는 많은 이들이 개인의 적성, 자아, 가치관을 찾기보다는 영어, 수학, 컴퓨터 능력, 혹은 무슨 무슨 역량을 기르는 데 집착한다. 왜냐면 S라는 좋은 직장에 취업해야 하는데, S직장에 들어가기 위해서는 그 역량이 필요하기 때문이다. 사회가 좋은 직장이라고 규정하는 S, 예를 들어 대기업이나 공공기관이라고 하자. 이 S직장은 비교적 높은 연봉과 안정성, 적절한 복지와 쾌적한 근무환경을 보장한다.

S직장에 들어가려고 초등학교 때부터 근 20년의 인생을 바쳤지만, S직장에의 취업이 곧 행복인 것은 아니다. 그 첫 번째 이유는 S직장의 겉모습만 보고 S를 선택했을 가능성이 높기 때문이다. S의 겉모습이란, 높은 연봉, 근사한 건물, 브랜드 인지도, 복지, 주변 사람의 선망, 이런 것들이다. 그런데 S직장의 속 모습은 잠시도 숨돌릴 틈 없이 쪼여오는 압박과 상사의 인격모독과 상명하복식 명령체계와 일과 가정의 양립을 고집하기 어려운 기업문화일 경우가 많다. 이것은 마치 우리가 화장발이나 수트발이 좋아서 결혼했는데, 하룻밤 자고 나니 '속았다'는 것을 깨닫는 것과 비슷하다.

그러나 더 중요한 것은 따로 있다. S직장의 겉모습을 보고 선택했을 때 이 기준을 자신이 선택했다고 착각한다는 것이다. 취업을 지원한 사람도, 입사한 사람도 본인이 선택했다고 생각하는 기준이 실은 사회적 분위기나 타인의 영향에 의한 것이라면 낭패이다.

본인이 지원해서 다닐 회사나 기관이 진정한 본인의 선택이라고 할 수 있으려면 자신의 적성, 욕구, 가치관, 우선순위와 비교해 보았어야 한다. 그런데, 대부분은 그럴 시간을 차분하게 갖지 못한다. 나부터도 어렸을 때 '법관은 대단하다. 공부를 잘해야 한다'고 하니까 법대를 갔다. 인문계였고 성적이 좋았고 법대가 점수가 제일 높아서 법대를 갔다. 정말 평생 영향을 미칠 자신의 진로에 대한 결정이 이런 식이다.

명절 때, 친척 누군가 '공무원이 세상 편해, 연금도 나오고, 요새같이 언제 잘릴 줄 모르는 시기에 얼마나 안정적이야?' 하고 말한다. 그러면 부모님이 맞장구치고, 자녀는 그다음 해에 공무원 시험을 준비해야 할지도 모른다.

배우자를 고를 때, 배우자에 대한 나의 기준 없이 주변에서 "무조건 잘생겨야 해." 혹은 "얼굴이 예뻐야지."라고 한다고 해서, 배우자를 외모만 보고 고를 수는 없다. 자신의 일이라는 것도 마찬가지다. 이제 자신만의 눈으로 일의 기준을 정할 때이다. 일의 본질이 아니라 주변적인 화려함에 속지 말자. 일의 조명발, 화장발은 여자의 그것보다 더 심하다.

일할 때도 지피지기

졸업한 지 3년 되어 가요. 정말로 취업하고 싶어요, 어디라도 좀 가고 싶어요. 그런데 정말은 아무 데나 가고 싶지는 않아요. (28세, K씨)

당장에라도 사표를 던지고 싶은 대리 2년 차입니다. 매일 같이 야근에, 월급도 적고, 입만 열면 개념 없는 부장과 비전도 없는 회사의 미래가 막막합니다. 남들은 다 참고 다니는데, 나만 유난스러운 걸까요? (32세, J씨)

저는 4년 차 직장인입니다. 언젠가부터 삶의 의미가 뭔지 모르겠어요. 지금의 직장에서 일하는 것을 인생의 의미라고 보자니 너무 허무하고, 삶의 모든 게 흔들리는 것 같아요. (29세, O씨)

나의 청소년기에는 실업이 큰 문제가 되지 않은 탓인지 지금처럼 진로교육이 다양하지는 않았다. 요사이처럼 MBTI나 에니어그램, 그도 아니면 적성검사, EQ 검사도 받아보지 못했고, 지능검사만 몇 번 받았다. 리더십 교육이나 비전 교육을 받았더라면 그래서 내가 정말 좀 더 체계적으로 나 자신을 들여다보고, 구체적인 목표를 설정하고, 직업을 준비했더라면 어떨까? 적어도 지금의 나처럼 인생길을 굽이굽이 에둘러 산을 넘고 물을 건너, 부딪치고, 넘어지고 하는 과정을 좀 더 단축시킬 수 있지는 않았을까 싶다.

그러나 요새처럼 이렇게 많은 각종 검사지나 교육 커리큘럼 홍수의 시대에도, 진정 일의 의미를 알고, 그를 위해 용기 있게 도전하는 사람이 많은 것 같지는 않다.

일은 누군가에겐 돈벌이이고, 누군가에겐 직업이고, 누군가에겐 존재가치를 증명하는 과정이다.

그러나 이렇게 사람마다 달라질 수 있는 일의 의미에 대해 고민 없이 일을 시작한다면, 일에 있어서 더 빨리 그리고 더 많은 장애물을 만날 수 있다. 그래서 진심으로 자신과 일에 대해 고민하는 시간을 갖기를 권하고 싶다.

✒ '라우'와 '툴IP'

나는 최근에 지역에서 재밌는 일을 많이 만들고 있는 두 사람을 만났다. 문화콘텐츠 서비스를 제공하고 있는 '툴IP' 이정현 대표와 교육서비스 기업 '라우'의 파트너 이선화 씨이다.

이 두 사람은 공통점이 있다. 바로 문화전문대학원 출신이라는 점과 30대인 이들에게서 내가 원하는 삶을 사는 사람에게서 볼 수 있는 빛남을 느꼈다는 것이다.

먼저 '툴IP' 이정현 대표는 YMCA 후배이다. 그는 YMCA에서 나름 열정적으로 일했지만, 항상 무언가에 갇힌 듯 좀 갑갑해 보였다. YMCA의 안정적이고 체계적인 틀이 늘 새것을 갈구하고 좀 더 개성 있는 일을 펼치고 싶어 하는 그에게 보이지 않는 가림막이 된달까, 뭐 그런 느낌이었다. 그는 YMCA 퇴사 후 교육 강사로 활동하다가 문화콘텐츠 및 교육용 기구를 만드는 회사를 창립했다. 빛을 이용한 교육용 기구의 시제품 제작에 상당한 투자를 하며 결혼도 미루고 있지만, 자신의 상상을 현실로 구체화해가는 모습이 좋아 보였다. '아, 이 사람이 제 자리를 찾았구나. 딱 필요한 곳에 있구나.' 그런 느낌이었다.

'라우'는 '그랬어라우', '저랬어라우'처럼 전라도 사투리 어미에 붙는 '~라우'에서 회사명을 따온 기업이다. 광주 월봉서원을 중심으로 '꼬마농부 상상학교', '꼬마시인 상상학교', '꼬마철학자 상상학교' 등을 운영하며, 우수프로그램으로 인정받아오고 있다. 이 회사에서 파트너로 일하고 있는 이선화 씨는 내가 전에 문화예술공연이나 전시를 기획할 때 도슨트나 공연장 고객 관리를 맡았었다. 알뜰살뜰 맡은 일도 잘하고, 20대의 어린 나이에도 일반적인 가치관이 아니라 자신의 생각에 따라 의사결정을 하는 것이 듬직해 보였던 친구다. 5~6년 전쯤 그녀와 일을 할 때, 그녀는 20대 후반이었다. 대학원을 졸업하고도 취업이 힘들어서 다양한 아르바이트를 하고 있었고, 그런 그녀가 나는 참 아깝고 탐났었다. 내가 다니던 회사에 들어오면 좋겠다는 생각도 들었지만, 역시 사람에겐 자신의 자리가 있는 법이다. 이선화 씨는 자신의 일을 하는 것이 너무나 행복하고 좋다고 했다. 하고 싶은 일을 적극적으로 펼치면서 성취감을 느끼는 삶을 살다 보니 삶의 만족도도 높았다.

나는 오랜만에 이 두 사람을 만나고 이들에게서 나는 빛의 정체에 대해서 생각해보았다. 그들은 각각 창의력과 상상력을 펼치며 원하는 일과 원하는 시도를 하고 있었다. 또 대기업 조직생활의 버려지는 시간들(가령 상사 눈치 보는 시간, 대기하는 시간, 조직문화를 익히는 시간) 없이 온전히 자신의 시간으로 쓴 탓인지, 그 또래의 다른 직장인보다 훨씬 생각과 소신이 명확하고 자신감이 있어 보였다. 내가 아는 그 또래 대기업 직장인들은 짜안하게 상사 비위 맞추며 휴가와 주말만 기다리며 살고 있는데 말이다.

하고 싶은 일을 하는 것이 얼마나 인간을 성장시킬 수 있는지, 그리고 용감하게 원하는 삶에 도전하는 이들이 얼마나 빛날 수 있는지 이들을 보고 알게 되었다.

나를 위한 질문

우선 자신의 자아탐색부터 시작하자. 당신이 살아왔던 길이 당신을 말해 주고 있다. 당신의 과거를 돌아보고 관심사를 살펴, 앞으로 열정의 대상을 찾아보자.

✔ 워밍업

- 일이든 개인적으로든, 삶에서 가장 신나는 경험은 무엇인가?
- 나는 무슨 생각에 많이 빠지는가?
- 밤을 새우면서도 즐겁게 했던 일은 무엇인가?
- 아침 일찍 일어나서도 하고 싶은 것이 있었다면 무엇인가?
- 나는 무엇이 가장 견디기 괴로웠는가?

✔ 심화 질문

- 만약 내가 1년밖에 남지 않은 시한부 인생이라면 무엇을 하고 싶은가?
- 가족과 친구들에게 어떤 사람으로 기억되고 싶은가?
- 1년 혹은 2년 후 자신이 성공했다면, 그때 당신은 어떤 모습일까?
- 당신이 성공했다는 기준은 무엇일까? 재정적으로나 직업적으로 당신이 생각하는 성공한 모습을 그려본다면?

• 당신은 오늘 어떤 시상식에서 상을 받을 예정이다. 어떤 조직에서 무슨 이유로 당신에게 상을 주고 있는가? 당신이 대체 무슨 업적을 쌓은 것인가?

Why(사명)에서 시작하라

❶ 나의 Why를 명확히 하라

나는 『start with why(나는 왜 이 일을 하는가?)』[3]란 책을 거의 1년간 붙잡고 있었다. 이 책을 접하기 전에도 나는 비전도 있었고, 열심히 살았으며, 작은 성과도 맛보았지만, 나의 사명(혹은 존재의 이유)에 대해 자신 있게 말할 수 없었다. 강의시간에 학생들을 만나면 '노블레스 오블리주'를 위해 산다고 말하긴 했지만, 그것을 좀 더 구체화하고 싶은 바람이 있었다.

하느님께 "저를 지구별에 보내신 이유를 알게 하시고, 당신의 의도대로 저를 써주세요." 하고 3~4년째 기도하던 즈음 이 책을 접했다.

3 사이먼 사이넥, 『start with why』, Penguin, 2011.12.27.

저자는 로스쿨을 졸업하고 '포춘 500' 기업을 고객사로 확보하였지만, 부지런하고 바삐 일해온 이면에 뭔가 공허함을 느꼈다고 한다. 그 이유를 찾는 과정에서 모든 생명과 조직, 비즈니스의 작동원리를 설명해줄 핵심 메커니즘을 발견하였다. 그것은 바로 '골든 서클'[4]이었다. 그것은 성공을 위해 어떻게, 무엇을 할까 찾기 전에 핵심인 이유를 찾으라는 것이다. 즉, Know-how와 Know-what 이전에 Know why를 찾으라는 것이다.

A씨는 최근에 벌이던 사업에서 고배를 마셨다. 원래 유아교육기관의 책임자로 평판이 좋았던 그는 나이가 들어감에 따라 자기 사업의 필요성을 느껴서 어린이집을 직영하기 시작했다.

어린이를 사랑하는 마음은 크게 다르지 않았으나, 월급 받고 안정적으로 어린이들을 볼 때와 본인이 경영 마인드로 어린이들을 볼 때 자세는 좀 달라졌을까?

모르겠다. '어린이집'을 매매하는 과정에서 경제적 손실과 맘고생을 겪은 데다가, 어린이 수가 급감하여 시장 상황이 더 나빠졌다. 인구 추이의 변화 같은 대세의 큰 흐름을 당해내기는 누구라도 쉽지 않았을 것이다.

계속 그 상태를 유지하다가는 사업이 더 곤란해질 것을 생각한 A씨는 키즈카페에 도전했다. 타인이 운영하던 키즈카페를 인수한 그

4 골든 서클(Golden Circle)

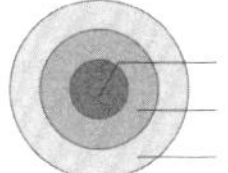

와이(Why): 믿음, 목적, 존재 이유
하우(How): 와이를 실현하기 위한 행동
왓(What): 행동의 결과물(제품, 서비스)

는 복합 몰에 자리한 사업장의 특성상 제법 돈벌이가 될 거라고 꿈꾸었던 것 같다. 그러나 넓은 평수에 운영비가 많이 들던 그 매장은 잠깐 잘 되었다가 봄·가을이면 손님이 썰물처럼 빠져나갔다. 기대수익이 생각보다 적자, 그는 키즈카페 요리사를 A급에서 B급으로 바꾸었다.

요리사가 바뀌고 상당한 인건비를 절약할 수 있었지만, 대신 키즈카페의 자랑이던 음식 맛은 나빠졌다. 그리고 이제 그는 키즈카페 대신 또 다른 커리어를 찾아야 하는 시점에 있다.

자본주의에 사는 우리는 누구나 사명보다 얼마를 버는지 돈에 혹하기 쉽다. 나도 그런 금전적 보상에 현혹되어 적지 않은 시간을 낭비해 봐서 안다. 그런데, 돈을 중심에 두고, 일을 시작했을 때 그 일의 성공을 유지하기는 쉽지 않다. 경제성장기에는 모르지만, 요사이처럼 재화가 서비스가 넘쳐나는 시대에는 사업의 성공은 어렵다. 위 사례의 A씨도 20년 가까이 유아 교육에 헌신했다가, 생활의 무게로 돈을 더 벌어보려고 일을 벌였다. 그러나 그 과정에서 돈벌이의 갈급함에 사명이 후순위로 밀려나지 않았을까 싶다. 무슨 일에 진심으로 헌신하는 사람, 즉 자신의 일에서 진짜 존재의 의미를 갈구하고, 찾고자 하는 사람과 그렇지 않은 사람의 일의 결과는 굉장히 다르다.

우리 주변에는 이런 사례가 많다. 치킨집이 잘된다고 하니 치킨집 장사를 시작하고, 카페가 뜬다고 하니 카페를 시작하고, 디저트 카페가 핫하다고 디저트 카페를 시작한다. 사명 없이 무엇을 팔 것인가만 있기 때문에 진정한 고민이 부족하고, 그것의 결과는 누구보다 고객이 가장 빨리 알아차린다.

❷ Why에 몰입했던 이들

스티브 잡스나 마틴 루터 킹, 빌 게이츠, 라이트 형제 등 세상을 변화시킨 사람들은 자신의 why(사명, 신념, 목적)를 인지하고, 그것에 매혹된 사람들을 과정에 동참하여 이미 세상이 다 아는 성과를 거두었다.

최근 몇 년간 우리나라에서도 열풍을 일으켰던 이케아의 why는 무엇일까?

이케아의 창업자 잉바르 캄프라드는 1976년 『가구상의 선언』이라는 소책자를 통해 자신이 추구하는 기업가치를 공유했다. 그 책자의 오프닝 메시지가 나의 가슴을 울렸는데, 그것은 "우리는 다수의 사람들의 편에 서기로 최종으로 결정했다."이다. 그리고 "고객에게 좋은 것이 우리에게도 좋은 것이다. 이것이 우리가 의무를 감내하기로 한 이유이다."가 이어진다. 이 책자는 그 외에도 단순함의 미덕이나 남과 다른 방식으로 행동하는 것, 국제적 사업확장 시에도 이케아적 가치와 문화를 공유할 수 있도록 할 것을 주문하고 있다.

또 '일본 가전업계의 애플'이라고 불리는 발뮤다 기업의 예를 들어보자. 발뮤다 기업은 2009년부터 20015년까지 매출이 60배 증가한 회사로 그린팬(선풍기)[5], 에어엔진(공기청정기), 더 토스터(토스터기) 등의 히트 상품을 보유하고 있다.

그러나 발뮤다 기업이 설립 초기부터 승승장구했던 것은 아니다. 발뮤다는 처음에 알루미늄 재질의 노트북 거치대를 만들어 팔았다. 그러다가 2008년 글로벌 금융위기에 순손실 1400만 엔으로 경영위기에 처하였다. 파산 직전, 데라오 사장은 '이렇게 무너져 버릴 거라면 마지막으로 내가 하고 싶을 일을 하자.'라고 생각했다.

즉, 사이먼 사이넥이 책에서 주장한 대로 '어떤 제품을 팔 것인가?'를 생각하기 전에 '나는 왜 이 일을 하는가?'를 다시 생각하게 된 것이다. 그래서 그는 시장을 보지 않고, 사람에게 필요한 것이 무엇인지를 생각하고 그에 맞는 제품을 개발했다. 그래서 그린팬을 출시했는데, 이는 '잘 팔리는 선풍기를 만들자.' 이런 의지로 접근한 것이 아니다. 대신 '자연 바람 같은 기분 좋은 바람을 전하고 싶다.'라는 바람에서 시작했다. 그래서 14개 날개의 2중 팬 구조로 바람이 닿는 면적을 넓히고 특수 모터로 소음을 최소화했다. 발뮤다 기업의 이런 마음을 소비자들도 알았는지, 사양산업의 선풍기가 가격도 3만 7000엔으로 비싼 편인데도 제품은 사랑받았다. 동시에 발뮤다 기업은 사람이 필요

5

▶ 그린팬(선풍기)

로 하는 제품을 만드는 업체로 주목받기 시작했다. 이 회사의 데라오 사장은 '일본의 스티브 잡스'라는 수식어가 붙는데, 다른 사람들보다 먼저 꿈을 그리고, 중국 샤오미 같은 시장의 위협에도 혁신으로 담대하게 맞서고 있다.

나는 『start with why』를 원서로 읽으며 시간을 많이 썼다. 그러나 요사이 많은 사람들이 좋아하는 TED[6]를 찾아보니 사이먼 사이넥이 핵심내용만 간추린 강의가 있었다. 또 시중에 번역본도 나와 있으니 나보다는 쉽게 접할 수 있을 것 같다. TED는 사람들과 공유할 만한 가치가 있는 아이디어를 짧은 강의형식으로 보여주는 웹사이트이다. 나도 언젠가는 TED나 KBS 「명견만리」 같은 프로그램에서 더 많은 사람들과 나의 아이디어를 나누고 싶다.

실은 예전부터 내 사업을 하고 싶다고 막연히 생각하면서 '무엇을 할까, 무엇을 팔까, 어떻게 할까?'만을 생각하였다. 그러다가 생각은 더 이상 진전이 없이 멈추었다. 그러나 '나의 Why'를 생각하다 보니 '노블레스 오블리주'로 다소 애매했던 사명이 좀 더 구체화되었다.

그것은 바로 '더 많은 사람들이 좋아하는 일을 하면서도 먹고사는 문제를 해결할 수 있도록 하는 것'이다. 그리고 나는 이를 위한 플랫폼의 이름을 '아이디어캐빈'이라 지었다. 그리고 이 사명을 좀 더 구체화하기 위해 '어떻게'와 '무엇을'을 고민하고 또 고민했다. 이 글을 쓰기 시

6 www.ted.com/speakers/simon_sinek

작한 초반만 해도 명확한 답을 찾을 수 없었던 나는 내 앞에 놓인 징검다리를 하나하나 건너다보니 '고객의 커리어(경력·진로·직업)와 비즈니스를 빛나게'라는 캐치프레이즈를 만들게 되었다. 그리고 첫 번째 '무엇'을 국내 1호 비즈니스 스토리텔러로서의 창직으로 정하고 저술과 동시에 비즈니스 아이디어 투어 등 관련 서비스를 추진하고 있다.

❸ 코즈마케팅

앞으로는 먹고사는 문제로서 커리어를 탐색할 때 공유가치에 기여하는 지에 대해서도 검토해야 할지 모른다.

기업은 본질적으로 이윤을 추구하기 위한 존재지만, '기업의 사회적 책임(Coperate Social Responsibility)' 역시 오랫동안 강조되어왔다. 기업의 준법 경영, 고용 창출, 환경·윤리 경영이나 기부 봉사 같은 사회공헌활동 말이다. 요사이 어지간한 기업은 성장과 영속을 위한 투자로 인식해 사회공헌활동 담당자를 두고 있다.

그런데 여기에서 한 걸음 더 나아가 하버드대 마이클 포터 교수는 '공유가치창출(Creating Shared Value)'이라는 개념을 제시했다. 기업이 공동체의 요구를 파악하고 이를 해결하는 과정에서 경제적 수익과 사회적 가치를 동시에 창출하는 경영전략을 말한다. 공유가치창출의 실천으로 대표적인 것이 바로 '코즈 마케팅(Cause Marketing)'이다. 소비자에게 구매의 명분(Cause)을 제공하면서 참여를 유도해 기업과 소비자가 함께 공익 달성을 위해 동참하는 것이다. 주로 제품 판매와 기부를 연결하는 방식이 사용된다.

신발 한 켤레를 사면 다른 한 켤레는 빈민국의 신발이 필요한 어린이에게 기부해온 미국의 탐스 브랜드는 전세계적으로 성공한 사례가 되었다. 국내에서는 트리플래닛의 사업모델이 유명하다. 온라인상에서 게임으로 나무를 심으면 실제 세상에 나무를 심어주는 방식이다. 트리플래닛의 이런 사업내용은 대중의 반향을 일으켰고, 지자체가 나무를 심을 부지를 제공하고, 다양한 연예인의 팬들이 기부를 통해 스타 숲을 조성하는 데까지 발전했다. 거기에 그치지 않고 비무장지대에 평화의 숲, 세월호 기억의 숲 등을 조성하며 주목받았다.

또 디자인 제품 회사 마리몬드는 일본군 위안부 할머니들의 스토리를 꽃으로 브랜딩한 휴대폰 케이스로 젊은이들의 각광을 받았다. 최근에는 수지의 핸드폰 케이스, 박보검의 티셔츠 등으로 스타를 앞세워 정의기억 맨투맨티, 소녀상 뱃지 등을 판매하고 있다. 그 핵심에는 위안부 할머니들의 인생 스토리와 아픈 역사를 기억하자는 메시지가 있는데, 이 가치에 공감하는 고객들을 유입하고 있다.

최근 국내에서도 많은 기업이 지차체나 NGO보다 어떤 면에서는 더 공익적인 활동을 펼치며 성장하고 있다. 앞으로는 공공과 민간의 경계를 구분하기가 더 힘들어질 것이다. 중요한 것은 진정성인데, 소비자들은 장삿속을 앞세우지 않는 진정성을 선택할 것이다. 앞으로는 커리어의 선택과 발전에서 공익적 가치와 부합하는 것인지에 대한 고민이 요구된다.

❹ 당신의 게임을 시작하라

시사용어로 '게임체인저'란, 어떤 일에서 결과나 흐름의 판도를 뒤바꿔 놓을 만한 중요한 역할을 한 인물이나 사건을 말한다. 기존의 시장에 엄청난 충격을 가할 정도로 혁신적인 아이디어를 가진 사람이 그들이다. 즉, 독특하고 창의적인 아이디어로 새로운 분야를 개척하며, 그 영향력이 업계에 그치지 않고 사회 전반에까지 미친 인물들을 게임 체인저라 부른다. 애플 창업자 스티븐 잡스, 페이스북 창업자 마크 저커버그, 구글 창업자 래리 페이지 등이 대표적 예이다.

『게임체인저』의 저자 피터 피스크는 대개 기업은 혁신을 위해 '무엇(제품, 서비스, 고객 경험 변화)'을 바꿀지에 집중한다고 지적한다면서 '왜(why: 비즈니스의 목적 변화)', '어떻게(how: 비즈니스 모델 변화)'에 주목하라고 하였다.

종래 기업들은 대개 '무엇'에 중점을 둬서 혁신에 성공했고, 이는 다른 말로 하면 이미 존재하는 게임 안에서 변화한 것이다. 이 때문에 기업들은 경쟁사들과 아주 비슷한 제품의 개선 방안을 내놓는다. 디자인과 성능, 가격을 비교하면 기업들의 제품에는 큰 차이가 없다. '무엇'을 변화해 혁신을 하려고 하면 결국에는(어느 기업의 제품이라 할 것 없이) 제품 가격을 낮추고 이익이 감소한다. 결국, 제품의 차별성이 없어진다. 반면, '왜'와 '어떻게' 영역으로 혁신에 도전한다면 시장을 새롭게 재정의하고 새로운 게임을 만들 수 있다.

다만 게임 체인징(game changing)은 특정한 능력을 배우고 터득해서 되는 것이 아니다. 정해진 방법도 없다. 우선 게임체인저가 되려면 체계적이면서 상상력을 갖춘 생각을 해야 한다. 피터피스크에 따르면, 게임체인저들만이 이런 특징을 가진다고 한다.

게임체인저는

- 변화를 이해한다

  즉, 신흥국, 신기술, 소비자들 행동의 변화 등을 이해하고 이것이 본인이 속한 사업에 어떠한 의미를 주는지 간파한다.

- 더 나은 비전을 갖고 있다

  시장이 어떻게 바뀔지에 대한 비전이 더 뛰어나다.

- 게임 자체를 바꾼다

  스포츠 게임으로 비유하자면, 경기의 룰, 점수 등을 바꾸는 생각을 한다.

그래서 자신이 사업과 시장을 지배하게 된다. 요사이 미국 경영에서는 유사한 주장이 많이 나오는데, 페이팔의 공동창업자 피터 틸도 자신의 저서 『Zero to One』에서 이렇게 새로운 시장을 창조하고 지배하는 기업을 독점 기업이라고 하면서 비슷비슷한 음식점 등의 무한 경쟁이 아닌 지금까지 없었던 새로운 시장을 개척하고 지배할 것을 주문하였다.

3

구하면 주신다

천 일의 기도

수년간 마음에 사표를 품고도 대안을 찾지 못했던 나는 기도하기 시작했다. 나의 기도란 것은 거창한 것은 아니다. 잠자리에 들기 전이나 아침에 잠자리에서 일어날 때 "하느님, 저를 당신 뜻대로 써주세요. 저에게 소명을 알게 하시고 소명대로 살게 해 주세요." 이런 내용을 마음속으로 외치는 게 전부였다.

그 기도 탓인지 나는 서서히 내가 무슨 일을 하고 싶은지 무슨 일을 할 때 가슴이 뛰는지 알아가기 시작했다. 당시 나는 산업인력관리공단이 지원하는 '청년취업아카데미'라는 프로그램에서 7년째 취준생을 대상으로 하는 강의를 하고 있었다. 자기소개서 작성부터, 프로젝트 진행, 토론면접을 거쳐 최근 몇 년간은 NCS(국가직무능력표준)에 기반을 둔 자원관리능력과 문제해결능력 등이었다.

그런데 강의를 준비할 때 정말 즐거운 느낌이 들었다. 회사 일은 오후 5시부터 하기가 싫은데, 강의준비는 새벽 2~3시까지 해도 즐거웠다. 모처럼 가슴이 뛰었다. 처음에는 8시간 강의를 위해 50~60시간 정도를 준비했다. 수강생들에게 이론적 지식을 전달하는 데 중심을 두지 않았다. 오히려 프로젝트 과정의 소통을 통해 아이디어를 모으게 하거나, 자신의 잠재력을 파악하게 하는 데 초점을 두었다. 학생들의 강의 평가도 좋았지만, 무엇보다 내가 즐거웠다. 다음 강의 몇 주 전부터 '이번에 열심히 하는 수강생에게 무엇을 선물해 볼까?', '어떤 기업의 무슨 상품이나 서비스를 사례로 들어볼까?' 하는 생각을 나도 모르게 하고 있었다.

이런 즐거운 일이라 하더라도, 안정된 직장을 버리고 퇴사하여 본격적으로 하겠다고 결심하기까지는 많은 고민이 있었다. 재정분석을 하고 있노라면, 매달 들어가야 하는 교육비, 생활비, 대출이자, 통신비 등등에 숨이 막혔다. 왜 이렇게 필수적인 지출이 많은지, 예전에 내가 시민단체에 근무할 때 한 달에 200만 원을 가지고 살림을 꾸렸다는 게 신기했다. 그렇게 돈에 발목 잡혀 회사를 그만두지 못한 채 재미도 없는 일에 목숨 걸어가며 시간을 보냈다.

그러다 어느 날 새벽, 출근하려고 눈을 뜨면서 라디오를 틀었다. 아침 출근 준비 때는 CBS 라디오 뉴스를 듣는 것이 습관이었는데, 그날은 평소보다 더 일찍 7시가 되기 전에 라디오를 켰다. 그때 나는 꼭 하느님이 나에게 들려주신 것만 같은 음성을 들었다.

CBS에서 본 방송 사이에 들려주는 간략한 메시지인데, 어떤 명사의 이야기였는지, 아니면 책의 한 구절이었는지 정확히 기억은 나지 않는다. 그러나 내용은 이런 것이었다. "내가 65세가 되면서 가장 아쉬운 것은 하기 싫은 일을 하면서 인생을 낭비했다는 것이다." 그때 나는 눈이 확 떠졌다. '나는 왜 이렇게 하기 싫은 일을 하면서 감옥에 스스로를 가둬두고 살고 있지? 이제는 스스로를 해방시킬 때가 되었다.'

백 번의 결심, 아흔아홉 번의 좌절

사표를 써 놓고 인사부장에게 제출하기까지 정말 백 번은 퇴사를 결심했다가 아흔아홉 번은 '아니야.' 하는 흔들림을 경험했다. 아침에 일어나서는 '그래, 원하는 일 하고, 나가서 계절의 변화도 느끼고, 인간성도 좀 회복하고, 무슨 길이 있겠지.' 했다. 그러다가 암울한 경제 뉴스나 자기사업을 하는 누군가를 만나면 암담한 현실에 다시 마음을 접게 되었다.

가족이 누리던 휴가철 숙박 인센티브, 교통비 등의 복지혜택도 아쉽고, 성과평가도 좋았는데 아직 수령하지 못한 성과금을 두고 떠나기에는 남겨 놓은 떡이 커 보였다. 그래서 내 맘은 퇴사와 잔류 사이를 무한 반복하고 있었다. 남편에게 의논하면서도 변덕스럽게 구니까 남편도 "일희일비하지 마라."라고 핀잔을 주었다.

피벗 실험

그때 만나게 된 책이 제니 블레이크의 『피벗하라』였다. 피벗이란, 원래는 농구나 댄스 등에서 쓰던 용어로 한 발을 축으로 하여 다른 발의 방향을 바꾸면서 몸을 회전하는 것을 말한다. 실리콘 밸리에서는 극적인 변화를 바로 추구하는 것이 아니라 기존에 가지고 있던 관심사나 강점, 경험을 발판삼아 새 업무로 경력 개발하는 과정을 피버팅이라고 부른다. 에릭리스는 그의 책 『린 스타트업: The lean Startup』에서 비즈니스에서 피벗은 '비전은 그대로 두고 전략을 변화시키는 것'이라고 했다. 제니 블레이크는 잘되는 것을 발판 삼아 연관된 새 방향으로 의도적인 방향 전환하는 것을 '피버팅'이라고 했다.

❶ 행복공식

나는 『피벗하라』를 밑줄 그어 읽으면서, 어떤 것을 더하고 빼야 내가 행복해질 수 있는지 나의 행복공식을 세웠다.

행복공식은 각자 자신의 생활에서 놓치고 있는 것들을 더하고, 반복적으로 하는 것이라도 의미 없는 것은 빼는 것을 말한다.

행복공식을 세우면서, 나는 강의나 저술을 통해 누군가가 자신조차 몰랐던 잠재력을 깨닫고 도전할 의욕을 갖게 하는 일에 보람 있어 하는 자신에 주목했다. 그리고 타인의 비즈니스와 커리어가 나의 전문성과 경험으로 더욱 빛나도록 돕고 싶었다. 이것은 나의 가슴을 뛰게 하는 일이었다. 또 한편으로는 먹고사는 문제도 만만치 않았다. 홀로 남으신 양가의 어머니들을 모시고, 자녀가 원하는 교육지원도 여유 있게 하고 싶었다. 더 바라는 것은 늘어나는 나이에 따라 사회에 베풀 수 있을 만큼의 그리고 노년에 초라하지 않을 정도의 경제적 안정이었다. 또, 새로운 세상을 볼 수 있는 여행과 규칙적인 운동으로 삶의 활력을 유지하고 싶다는 생각도 하였다. 무엇보다도 가족과 사계절의 변화를 느끼고 싶었다.

지난 가을, 거리의 단풍이 반짝 아름다웠을 때 나는 반차라도 내고 가을을 느껴보고 싶었지만, 다음 연도 사업예산 숫자와 씨름하느라 그러지 못했다. 몇 푼의 월급에 저당 잡혀버린 나의 인생은 한숨만 늘었다. 한숨 쉬고, 한숨 쉬면서, 황당하고 기막힌 일들과 불만족에 나를 다스리려 또 한숨 쉬었다. 회사에서 돌아오면 맥주 한 잔이라도 기울이면서 긴장과 분노를 조금 잠재워야 했고, 주말에는 드라마를 몰아보며 꼼짝하지 않았다.

그런 배경으로 세운 것이 나의 행복공식으로 아래와 같다.

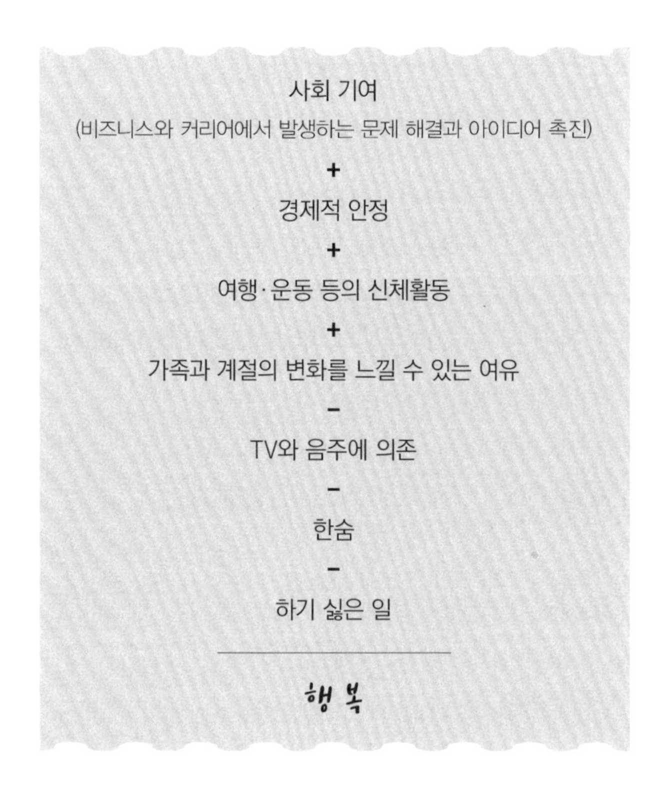
사회 기여
(비즈니스와 커리어에서 발생하는 문제 해결과 아이디어 촉진)
+
경제적 안정
+
여행·운동 등의 신체활동
+
가족과 계절의 변화를 느낄 수 있는 여유
−
TV와 음주에 의존
−
한숨
−
하기 싫은 일

행복

자, 당신도 나처럼 행복공식을 세울 수 있다.
현재 당신의 인생에서 무엇을 더하고 무엇을 빼야
행복할 수 있을까?

+
+
+
−
−
=
행복

링컨은 "사람은 마음먹은 만큼 행복하다."[7]라고 했다. 나는 이제 이 말에 완전히 공감한다. 자신에게 '행복'이란 무엇인지도 모르면서 우리는 쉽게 행복을 바랐던 것은 아니었을까? 구체적으로 나의 행복을 그려보자. 그래야 매일의 일상에 굴복하는 대신 행복을 붙잡을 수 있을 것이다.

❷ '행복하다', '사랑하다'는 '동사'이다

불행하거나 관계에서 힘들 때, 심신이 수동적, 방어적 상태가 된 경우가 많다. 이런 경우 대개는 '행복'과 '사랑'이라는 대표적 두 단어를 '행복한', '사랑한' 혹은 '행복 받는', '사랑받는'이라는 형용사로 받아들이게 된다.

이렇게 되면 자신이 인생의 주체가 아니라 객체가 되어 타인을 원망하기가 십상이다. 나의 경우는 남편이 술을 마시고 연일 늦게 들어올 때, 다음날 일찍 출근해야 하는데 수면을 방해받는 심리적 부담이 있었다. 남편의 안전귀가가 걱정되기도 하고, 잠귀 밝은 내가 늦게 들어오는 소리에 깰까 봐 잠을 설쳤다. 그래서 투정했지만 내가 화를 내도 이 습관을 고치지 않았다. 이 문제 때문에 장기간 냉전까지 생길 정도였다. 전혀 해결되지 않는 이 문제에 대해 나는 남편에게 요구해 "자정

7 Most folks are about as happy as they make up their minds to be. (Abraham Lincoln)

까지는 귀가하자."라는 원칙을 세웠다. 그리고 늦게 귀가할 것 같으면 나는 남편의 잠옷을 작은방으로 내어놓고 안방에서 잠을 청했다. 그러니 이 문제는 해결되었다.

나는 우리 아이를 존재 그대로 사랑한다기보다 소신과 대안적인 삶을 생각하며 성실하게 살아온 우리 부부의 자식으로서 부끄럽지 않기를 바라는 마음이 컸다. 그러나 선천적으로 체제 저항형이었던 아이는 절대 수용하지 않고 나의 부족한 점만 아프게 지적했다.

아이가 온몸으로 자신의 불만을 표현하던 시점에 이르러서야, 나는 자녀의 문제의 원인은 결국 나의 양육 태도에서 비롯되었음을 인정했다. 나 자신을 속이고 변명을 해봐도 결국은 나 때문이었다. 나는 자녀 양육보다는 사회적 성취에 더 관심이 있었다. 그래서 사회적 활동이나 조직에서 주어진 업무와 각종 모임도 열심히 하면서 아이와 눈맞추고 이야기를 들어주지 못했다. 맞벌이를 했기 때문에 퇴근 후 돌아와 청소하고 빨래하고 밥 챙겨서 먹이기 바빴다. 아이가 유아기에는 차근하게 옷 입는 법, 신발 신는 법, 자신 주변 정리를 가르쳐야 했는데 그러지 못했다. 아침에 아이를 어린이집에 데려다주고 출근하기 바빠서 나나 남편은 대충 입히고 신겨, 떨어지지 않으려는 아이의 등을 떠밀었다. 우리의 바쁜 모습을 어릴 적부터 본 우리 아이도 성격이 굉장히 급하다. 그러면서 나는 이렇게 살 수밖에 없는 부모의 처지를 아동기의 아이가 이해하겠거니 생각했다. 지금 생각하면 어처구니없는 일이다. 그리고 한 번씩 야외 캠핑, 해외여행, 문화예술공연 관람, 외식 등의 기회를 주고 있으니 이쯤이면 좋은 부모가 아닌가 생각했다.

그런데 아이가 6학년이 되니 말투나 눈빛이 점점 불량해졌다. 그때도 나는 아이의 감정을 헤아렸어야 했는데 그러지 못했다. 진짜 아이가 담임교사와 갈등이 심각해지고 전학을 고민해야 하는 시점에 와서야 나는 나의 과오를 인정하고 항복했다. 나부터 바뀌지 않으면 이 상황은 절대 나아지지 않으리라는 것을 깨달았다. 이것은 심리학에서는 '자기대면'이라고 한다. 보통 스스로를 기만하면서 바라보지 못했던 자신의 내면의 진정한 모습과 맞닥뜨려야 하는 어려운 순간이다. 그러나 심리치료를 위해서는 필수적인 순간이기도 하다. 나는 깊은 자책과 반성으로 이 순간을 고통스럽게 받아들였다. 나의 부족했던 과거는 이제 되돌릴 수가 없고 앞으로 다시 시작해야 할 것임을 알았다. 그래서 나는 아이에게 우선은 체벌하지 않겠다는 것을 선언했다. 그리고 내 휴대폰 바탕화면에 3無를 썼다. 아이에게 3가지 행동을 하지 않겠다는 것인데, 고성·강요·체벌의 중단을 말한다. 그날 이후 나는 이것을 실천하려고 노력했다. 그리고 아이의 감정을 읽어주려고 그것이 부정적인 감정이라 하더라도 좀 받아들여 보려고 노력했다. 아이가 "엄마! 핫케이크 먹고 싶어요." 하면 "우리 아이, 핫케이크 먹고 싶구나!"라고 아이가 한 말을 메아리처럼 반복했다.

나의 변화 덕일까? 우리 남편과 나는 아이가 많이 달라졌음을 느낀다. 심부름은 물론, 가족들 식사 후 설거지도 하기 시작했다. 아이도 큰 소리로 불만을 표현하는 횟수가 현격히 줄고 "네." 하는 날이 많아졌다. 기분도 좋아 보이고, 학교도 무사히 졸업할 수 있게 되었다. 무엇보다 성적의 변화가 가장 두드러졌다. 아이는 학년에서 1등을 하더니 전국단위 모집 자율형 기숙중학교에 합격했다. 그리고 광역자치도에서 중등과정 20명을 선발했던 인문사회 영재과정에 좋은 성적으로 합격했다. 자율형 기숙중학교나 영재선발은 사교육이나 전문가의 힘을 빌리지 않고, 아이가 주도적으로 준비하고 내가 거들어 이루어낸 성과라 더 의미 있었다. 특히 영재선발을 준비하면서 한 3주간 나랑 우리 아이는 하루 30분씩 식탁에 앉아 시사 토론이나 창의적 문제해결훈련을 같이했다. 그때 나에게 중요한 변화는 내가 아이와 30분을 식탁에 앉아서 공통의 목적을 가지고 같이 무엇인가를 했다는 것이다.

아이는 혼자 사란 데다가 부모가 항상 시간에 쫓겨 산 탓에 무엇이든 혼자 해야 하는 시간이 많았다. 어렸을 때 마트에 가서도 장난감을 구경하는 아이를 기다려줄 마음의 여유가 없어서 대여섯 살 아이에게 혼자 장난감 구경하라고 두고, 나는 식품이나 생필품 판매대로 가곤 했다. 그러던 내가 차분히 앉아 아이와 눈을 맞추고 같이 토론하고 창의성을 요구하는 문제에 대해서는 나도 똑같이 아이디어를 내었다. 그러면서 아이가 좋아하는 간식도 하나씩 만들어 주었다.

이 평범한 일상을 왜 예전에는 하지 못했을까? 늘 나는 회사 일에 지쳐 있거나 아니면 학과 공부, 자격증 준비 등을 하고 있었다. 그러다 보니 진짜 열심히 살았지만 자녀에게 나의 사랑의 행동은 부족했던 것이다.

나는 우리 아이와 갈등에서 나의 부족한 점을 인정하고 구체적으로 사랑의 행동을 실천하면서 나의 내면이 더 성숙함을 느꼈다.

❸ 1년 비전

『피벗하라』의 제니 블레이크는 불확실하고 급변하는 현대 사회에서 비전 수립 시 1년이라는 기한 설정을 제안했다.

실제로 재밌게 해봤던 것이 1년 후 나의 비전과 성공 시나리오 쓰기였다. 대부분 사람은 3년이나 5년, 혹은 더 긴 기간의 비전을 세우기도 한다. 나 역시 5년이나 10년을 내다보며 비전을 수립하곤 했었다. 구글의 경력 개발 코치였던 제니 블레이크는 급변하는 상황에서 5년 후는 알기 어렵다며 1년 비전 쓰기를 추천했는데 상당 부분 공감했다. 최근 몇 년간의 내 인생을 더듬어 보면 1년 앞도 내다보기 힘들 정도로 생각지 않았던 많은 일이 일어났고 나 역시도 많은 변화를 시도해 왔다. 그래서 나도 다시 1년에 주목하여 나의 비전을 작성해 본다.

나는 더 많은 사람이 좋아하는 일을 하면서 먹고사는 문제를 해결할 수 있도록 하는 사명에 따라 살고 있다. 비즈니스 스토리텔러 1호로 관련된 투어 프로그램이나 비즈니스 스토리텔러 양성 프로그램도 호평 속에 성장하고 있다. 또한, 강의와 저술활동으로 수입이 증가하고 있으며, 퇴사 전 연봉 수준을 회복했거나 초월해 가고 있다. 박사학위를 취득하여 전문성을 더하고 '아이디어캐빈'[8]에서 마음에 맞는 사람들과 소통하며 일하고 있다.

꾸준한 운동과 균형 잡힌 식사로 건강과 활력을 유지하고 있다.

4계절의 변화 속에 자연의 신비에 감탄하고 독서와 사색으로 담백한 삶을 살고 있다. 타인에게서 최선의 것을 발견하고 자주, 그리고 많이 웃으며 하루의 시작과 끝에 감사기도를 올린다.

1년 비전 쓰기는 장기간의 비전보다 훨씬 생동감 있고, 비전을 위한 작성자의 실천력을 더 높여주는 장점이 있다.

❹ 성공 시나리오

나의 성공 시나리오

내가 성공했을 때 나는 주 4일 정도는 재밌게 일하고 3일은 자연 속에서 여행, 독서, 사색으로 시간을 보낼 것이다.

일에서는 우선 나 자신부터 가슴 뛰는 일을 찾아 적극적으로 개척해 나갈 것이다. 많은 사람을 만나고 배우며, 나 자신도 성장할 것이다. 국내 1호 비즈니스 스토리텔러로서 후배 비즈니스 스토리텔러를 육성하며 영감을 불러일으키는 강의를 하고 있을 것이다. 그리고 결국 나는 이 일들을 통해 더 많은 사람들이 좋아하는 일을 하면서 먹고사는 문제를 해결할 수 있도록 하는데 기여하고 있을

8 필자가 퇴사 2년 전에 미리 지은 회사명, 다음 카페 '아이디어캐빈'

것이다.

꾸준히 운동하고 의미 있는 책을 쓰고 원하는 연구에 몰입할 것이다. '부'는 사업을 실천하는 과정에서 자연스럽게 따라와 부모님 봉양이나 자식 교육에 부족함이 없다. 또한, 우리 부부의 노후에 대한 걱정이 없고 넓은 세상을 구경하고 감탄하며 기부·후원으로 나누고 살 여유가 있다.

이렇게 사는 나의 하루하루는 싱그러운 바람이 얼굴을 간질이는 것처럼 마음이 상쾌함과 감사로 차오른다. 이것이 자연스레 주위 사람에게 전해진다면 이 순간이 최고의 행복이다.

요사이 텍스트보다 이미지 위주의 커뮤니케이션이 더 많아졌지만, 지식 정보의 양이 늘어나면서 무엇인가 쓰는 능력은 더 많이 요구되고 있다. 취업이나 진학 과정에서도 그렇고, 업무과정에서도 그러하며, 지식과 정보를 다루는 고부가가치의 일을 할 때 글로써 의사 표현을 하는 능력은 정말 중요하다. 그래서 나도 무엇인가를 자꾸 끄적여 보고 젊은이들에게도 권면하는데, 성공 시나리오 쓰기도 그중 하나다. 성공 시나리오 쓰기는 행복공식과 1년 비전을 바탕으로 자신이 성공했다고 생각하는 특정한 날과 장소, 환경과 날씨, 냄새, 모든 것을 담아서 생생하게 써보는 한 편의 시나리오이다. 나는 십 년 가까이 비전과 기대를 구체적으로 써오면서 이것이 얼마나 큰 효과가 있는 것인지 몸소 체험했다. 그래서 귀찮다고 생각하지 않고, 즐거운 마음으로 성공 시나리오를 썼다. 나는 부적을 사용해 본 적은 없지만, 이렇게 구체적으로 자신의 성공의 모습을 기술해 보는 것이 부적 이상의 강력한 효과를 지닐 것이라 확신한다.

이런 내용을 반복해서 쓰다 보면 자신의 인생 목적이 분명해진다. 이것은 막연한 바람이나 '오늘도 무사히 혹은 평안하게' 등의 기도보다는 좀 더 적극적인 소망이다. 나는 주위에서 지적 능력이 뛰어나거나 높은 직급 혹은 좋은 직업에 있는 사람들을 많이 봤다. 그러나 그 사람들 중에 정말 행복해 보이는 사람들은 드물었고, 심지어는 자신의 행복에 대한 기준조차 없어 보였다.

이제 '시험점수를 몇 점 받을까?', '무슨 사업을 할까?', 또는 '어떤 직업에 도전할까?' 보다 진정 자신에게 가치 있는 일이 무엇인지 좀 더 구체적으로 고민해 보길 바란다.

육아를 하며 다시 꿈을 꾸다

YMCA에서 상근하면서 남편을 만났다. 내가 살던 원룸에서 신혼생활을 시작할 때, 우리 둘은 너무 사랑해서 단칸방이 좁은 줄도 몰랐다. 물질적 가치에 대해서는 정말 무지하고 또 무시했던 우리는 결혼준비 당시 '상대방에 무얼 더 받을까?' 기대하지 않았다. 오히려 '상대가 나에게 너무 많은 것을 주는 게 아닌가?'로 부담스러워했다.

그러나 막상 아이를 낳고 나서야 즐겁게 일했던 시민단체의 박봉으로는 평범한 삶을 꾸려가기가 어렵다는 것을 깨달았다. 당시 주변 사람들의 이야기로 최악의 커플 유형 세 가지가 있었다. 첫 번째는 시민단체 상근자와 시민단체 상근자 커플, 두 번째는 시민단체 상근자와 사회복지사 커플, 세 번째는 사회복지사와 사회복지사 커플이었다.

첫 번째 유형에 해당하는 우리는 그야말로 결혼생활에 답이 없었다. 육아휴직이 끝나기 2~3일 전 나는 업무복귀를 해야 하는데, 아이를 맡길 데가 없어서 '이 아이를 아동시설에 맡겨야 하는 건가?' 말도 안 되는 생각을 하며 울었다. 복귀 전날 간신히 아이를 돌봐줄 분을 찾아서 일을 시작했는데, 내가 받는 월급은 고스란히 육아비로 지출되었다. 시어머니가 결혼 때 해주신 예물을 팔고 보험을 해약하면서 생계를 꾸리다 보니 노후를 포함한 미래에 대해서는 아예 생각할 수조차 없었다.

미래 없이 사는 삶이 두려웠고 아이가 원하는 교육 뒷바라지와 부모님을 부양할 정도의 경제적 능력을 갖추기 위해 나는 좀 더 강해지고 또 돈이 되는 일을 해야겠다고 생각했다. 커리어를 위해 갓 돌이 지난 아이를 두고 일반대학원 경영학과 석사과정에 입학했다. 학부 전공이 경영이 아니라 법학이었던 나는 대학원 공부를 시작하자 스스로에 대해 부족함을 많이 느끼고, 자괴감에 빠졌다. 근무를 하고 돌아와 아이를 돌보다가 잠재운 후 새벽에 공부를 하는 생활이 계속되었다. 나는 그때 진짜 초인적인 힘을 발휘했지 않았나 싶다. 눈가가 찐득찐득

해져서 윗줄과 아랫줄이 구별이 안 되도록 경영학 원서를 읽어대며 잠을 미루는 날이 계속되었다. 아이가 자주 아프고 열이 나서 학업을 계속할 수가 없었다. 그때는 결혼이나 직장생활을 하지 않고, 부모님이 대주는 공부만 하는 풀타임 대학원생들이 얼마나 부러웠던지 "공부도 다 때가 있다."라는 옛말이 절로 공감이 갔다. 가뜩이나 없는 살림에 학비를 쪼개서 내고 휴학과 복학을 반복하면서도 YMCA의 시간적 배려 속에 누리문화재단의 NGO장학금도 받고, 4학기 만에 석사를 마쳤다.

그때를 생각해보면 고마운 분들이 참 많다. 그때 상황에서 나는 거의 학위를 욕심내지 못했는데, 지도교수님의 격려와 도움을 많이 받았다. 함께 새벽까지 연구해주신 이희정 박사, 양동민 박사, 그리고 설문을 도와주셨던 무진기연 조성은 대표님 등, 나도 내가 받은 것을 그 분들과 또 다른 분들에게 더 크게 갚고 싶다.

그렇게 석사를 하고 YMCA 내부에 문제도 있고 경력 변화도 필요해서 다른 일을 찾기 시작했다. 경영학을 공부하면서 '기업에의 속도와 변화에 대해 체감하고 싶다'는 바람이 있었는데, 마침 K그룹이 문화시설을 새로 오픈하면서 경력직을 채용하고 있었다. 나는 드물게 35세라는 나이에 대기업 문턱을 넘게 되었다.

대기업에서 일을 하다 보니 급여는 배 이상 올랐다. 또 남편도 법인을 만들고 시설을 운영하면서 경제적 형편도 풀렸다. 그러나 풀린 형편만큼 내 맘도 풀리고 행복감도 늘어났던 것은 아니다.

인생의
맥을 짚어라

중·고등학교 때 나름 공부도 하고 인생에 욕심도 있었지만, 구체적인 비전이 없었다. 그리고 그 당시는 그런 교육이나 훈련을 받을 기회도 드물었다. 중학교 때는 상위 1%의 성적이었고, 고등학교 때도 서울의 괜찮은 대학을 진학할 실력이었지만, 인생의 비전이 없었던 나는 지방의 국립대 법학과에 진학했다. 대학 시절에도 비전 교육 같은 것을 접하지 못했고 구체적으로 인생설계를 어떻게 해야 하는지도 몰랐다. 원래 적극적인 성격 탓에 동아리, 학생회 활동 모두 열심히 했지만, 그것은 인생의 맥락과 무관한 산발적인 활동이었다. 그러다가 졸업하면서 남들 하는 고시 공부로 허송세월을 하며 3년의 귀한 시간을 낭비했다. 내가 대학 시절 인생의 맥을 짚고 20대를 알차게 살았다면 지금보다 더 나은 삶으로 지역과 가족에 기여할 수 있지 않았을까 싶다.

그렇게 젊음을 낭비하다가 '박원순 씨처럼 시민단체에서 일하면 멋지겠다.'라는 막연한 생각을 하게 되었다. 사실 내가 대학 다닐 때 학점관리도 안 하고 데모하느라 그때 스펙으로는 취업할 곳이 없었다. 또한, 나 자신도 대의와 거국적인 것만을 생각했기 때문에 회사원 취업은 거들떠보지도 않았다. 그래서 YMCA에 들어가게 되었고 그때부터 나의 삶엔 새로운 전기가 마련되었다.

월 50만 원을 받고 아침부터 밤까지, 주말도 없이 1년 5개월 인턴을 하고 정직원이 되어서도 같은 날이 반복되었지만, 행복했었고 내가 몸담은 조직을 사랑했다.

그렇게 사랑했던 조직에서 행복한 한편, 경제적 미래는 참 암담했다. 그런 상황에서 잭 캔필드와 마크 빅터 한센의 공저 『인생의 맥을 짚어라』는 좋은 나침반이 되어 주었다. 아마 내가 진지하게 읽은 최초의 자기계발서가 아닌가 싶다.

이 책을 쓴 잭 캔필드, 마크 빅터 한센은 국내에서도 『영혼을 위한 닭고기 수프 시리즈』와 『마음을 열어주는 101가지 이야기』로 더 유명한 베스트셀러 작가이다. 그러나 나는 『인생의 맥을 짚어라』에서 더 동기가 부여되었다. 아쉽게도 나의 메모가 빼곡했던 이 책을 현재는 찾을 수가 없다.

그래도 균형 잡힌 삶에 대한 제안에 힘입어 그 후로는 비전을 균형적으로 세울 수 있게 되었던 것 같다. 그전에 나는 비전(꿈)=직업인 줄 알았다. 아직도 직업이나 사회적 성취가 비전이라고 생각하는 사람이 있다면, 인생의 비전은 삶에 긍정 에너지가 지속적으로 넘칠 수 있도록 꾸라고 하고 싶다. 인생이란 장거리 경주에서 충만함을 누리기 위해서는 직업적·물질적 성공 외에도 가족이나 인간관계, 취미와 여가, 건강, 사회적 기여 모두 필요하니까 말이다. 그런데 왜 내가 학교 다닐 때는 이런 교육을 받지 못했을까? 요새는 초등학생부터 리더십 비전 교육을 미리 받으니 부러울 뿐이다.

이 책 중에서도 '목적을 가지고 살기' 부분은 큰 도움이 되었다. 이후 사명선언문을 쓰는 워크숍이나 릭 워렌의 『목적이 이끄는 삶』을 통해서도 나의 사명에 대해 계속 고민할 기회를 가질 수 있었다. 나이

서른 즈음에, 이 책을 통해 비로소 어른이 되고 철이 들었다고 느낀 탓인지 그 내용이 아직도 소중하다.

비전의 시각화

짐 캐리는 「마스크」, 「에이스 벤추라」 등으로 유명한 성격파 배우다. 배우의 꿈을 키우던 짐 캐리는 무명시절 끼니를 때우기 위해 빵을 주워 먹을 정도로 어려웠다. 짐 캐리는 실직자로 힘들어하는 아버지를 위해 문구점에서 구한 가짜 백지수표 천만 달러를 드렸다. 아들의 재능을 믿었던 아버지는 짐 캐리에게 '수표를 간직하고 큰 꿈을 꾸어 주렴.' 하고 부탁을 했다고 한다. 그 후 짐 캐리는 항상 백지수표를 지갑에 넣어놓고 다니며 천만 달러의 개런티를 받는 영화배우를 다짐했다. 그때 이 수표에는 '1995년 추수감사절'로 기한이 적혀 있었는데, 결국 1994년 「에이스 벤추라」라는 작품이 흥행하면서 그는 천만 달러의 수표를 현실화할 수 있었다.

나도 거의 십 년간 매년 혹은 변경사항이 있을 때마다 비전 목록을 업데이트하고 시각화해왔다. 스스로 비전을 세우고 또 이런 내용으로 청소년들 리더십 캠프를 진행하면서 글로 그림으로 쓴 비전의 효과를 느끼게 되었다.

비전 목록을 만든 몇 년 동안은 그냥 텍스트로 목록을 작성했다. 그러다가 이미지로 시각화하는 것이 더 효과적일 것 같아 연관 있는 사진과 그림 등을 붙여넣었다.

그리고 어떤 연도에는 목록 옆에 달성기한을 적었는데, 그 경우 기한보다 빨리 비전이 실현되는 경험을 하기도 하였다. 초기의 목록 중에는 비전이 이루어져, 이제는 목록에서 빠진 것들도 꽤 많다. '1년에 한 번 이상 가족과 해외여행 가기', '1개월에 한 번 가족 여행하기', '30평 이상 갤러리 같은 아파트 사기', '35세 이전 이직하기', '매일 운동으로 아침 시작하기' 등이 이런 것들이다.

2012년 9월에 작성한 비전

오드리 햅번처럼 살면서 꾸준히 요가하고, 서재 있는 아파트를 갖고 싶었다.

2013년 5월에 작성한 비전

인문학 카페를 운영하며, 하우스콘서트도 열고, 내 책도 내고 싶었다

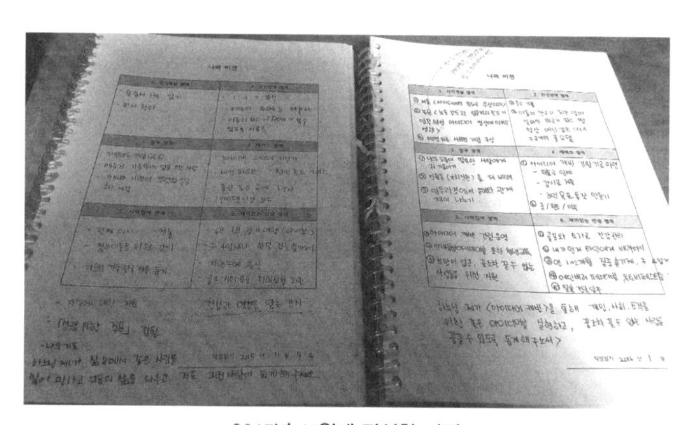

2015년 11월에 작성한 비전

스스로 만든 다이어리에 기업다운 기업 운영과
젊은이들을 위한 강의를 하겠다고 적었다.

대신 다른 비전들이 그 자리를 채웠는데, '의미 있는 내용을 알기 쉽고 재밌게 강의하는 강사', '아이디어캐빈을 운영하며 10인 이상을 고용하고 사람들을 부스터 하기', '100인의 멘토, 100인의 멘티로 관계 맺기', '맹모나 신사임당 같은 어머니'가 그것이다.

그렇게 시각화된 비전 목록을 다이어리와 책상에 붙여두고 수시로 보며 내가 비전을 이루는 길로 가고 있는지 점검하곤 한다. 책 제목을 한 열댓 번 바꾸고 아직 실현하지 못한 '저술'이라는 비전도 이 글이 끝나면 달싱의 스탬프를 찍게 될 것이다.

비전의 밸런스

1998년 세계보건기구(WTO)는 기존에 정의한 건강개념(육체적, 사회적, 정신적 완전함)에 영적 웰빙 개념을 추가하여 건강개념을 재정립하였다. 그때 당시 나는 이 뉴스에 새롭게 고무되어, 균형 잡힌 비전 수립의 필요성에 대해 더 많이 생각하였다.

만약 당신이 비전을 세우려고 한다면, 나는 인생의 여러 측면을 고루 통찰해 보라고 하고 싶다.

행복하고 건강한 삶이란 무엇일까? 여기에도 일반적 원칙이라는 것이 존재하는 것일까? 『행복의 조건』[9]이라는 책은 그에 대한 해답을 주고 있다. 하버드대학교 연구팀은 1930년대 말부터 72년간 814명의 삶을 관찰 추적했다. 하버드생 268명, 서민 남성 456명, 그리고 여성 천재 90명이 바로 대상이다. 인간의 전 생애에 걸친 '하버드대학교 성인발달연구'를 바탕으로 한 이 책은 성공적인 인생에서 가장 근본적인 요소가 무엇인지를 제시하였다.

그것은 바로 다음과 같다.

- 고난에 대처하는 자세로서 성숙한 방어기제
- 47세 무렵까지 형성된 인간관계
- 교육 연수(평생교육)
- 안정적 결혼생활
- 비흡연(45세 이전 금연)
- 적당한 음주(알코올 중독 경험이 없음)
- 규칙적인 운동
- 적당한 체중

나는 영·지·체의 트라이앵글을 좋아한다.[10] 나의 20대와 30대는 영혼과 지혜, 그리고 신체의 건강을 함께 훈련하는 YMCA교육관에

---

9 조지 베일런트 저, 이덕남 옮김, 『행복의 조건(하버드 대학교 인간성장 보고서-그들은 어떻게 오래도록 행복했을까?)』, 프런티어, 2010.

10 

YMCA 정장 로고는 영·지·체 균형발전을 의미함.

매료되었다. 그리고 이런 내용을 프로그램화하여 시민들과 만나면서, 전인(whole arounded person)교육관이 분명해졌다. 대기업에 취업하거나 전문직이 되는 것, 혹은 돈을 많이 벌거나 명성을 얻는 것 자체가 인생의 성공이 아니라는 것을 알게 되었다. 자기 인생의 의미 혹은 사명(기독교에서는 '소명'이라고도 한다)을 깨닫고, 지구별에 온 이유에 대해 응답하는 것이 멋진 인생이라고 생각한다. 그러면서도 자연과 예술의 위대함에 겸허하게 머리 숙이고, 좋은 사람들과 관계를 맺고, 건강하게 자신을 관리하면서 하루하루 배움의 자세로 자신을 혁신하는 것, 또 자신의 꿈을 위해 도전하면서 포기하지 않는 것이 멋진 인생이라고 생각한다. 비전을 세울 때 이런 내용을 반영할 수 있다.

모든 것을 포기하고 물질적 성공이나 명성, 인기 등을 쌓는 것이 과연 충만한 삶인가? 이에 대해 나는 부정적이다. 유명 연예인이나 스포츠 스타들의 자살, 그들의 급격한 삶의 기복이 주는 메시지는 '돈이나 명성, 인기의 과소 유무와 상관없이 인생은 긴 맥락에서 유지해야 한다'는 것이다. 그때 흔들림 없이 자신의 페이스를 유지하려면 비전의 균형감이 참 중요하다. 그래서 나는 자기 계발 영역, 인간관계 영역, 업무영역, 재테크 영역, 사회참여 영역, 재미있는 인생영역으로 나누어 비전을 수립하고 있다.

지금까지 내가 만났거나 또 앞으로 만날 많을 분들도 물질 만능주의 가치관이나 미디어의 유혹에서 자신을 지켜내어 인생을 균형 있게 운영해 나갔으면 좋겠다.

가치관에 충실한 비전

- 3,000cc 이상의 외제 차
- 유명브랜드의 넓은 평수 새 아파트
- 늘씬한 몸매
- 아름다운 얼굴
- 가족 해외여행
- 멋진 빌딩의 소유

이런 것들이 부러운가? 주위에서 열광하는 것 같으니까, 위의 것들의 가치가 높다고 생각하는 것은 아닌가? 우리는 사회적 인간이므로 만나고 어울리는 사람, 접하는 매스미디어나 SNS에서 타인의 가치를 학습한다. 실은 그 타인조차도 진짜 그것이 자신에게 유의미한 것인지 판단하지 못한 채 그것에 열광했을 수도 있다.

그러나 비전설정에서 정말 중요한 것은 '자신의 가치'를 반영하는 것이다. 타인의 잣대와 시선이 아니고 자신의 잣대와 시선이 필요하다. 대학 동창들과 만나면 자주 듣는 말인데, '미움받을 용기'가 필요하다. 우리는 한국 사회에서 살면서 자신의 삶에 대해 어렸을 때부터 타인의 기준에 맞춰가고 있다. 남들이 좋다고 하는 유치원, 학원에 자녀를 보내는 것에서 시작, 좋은 대학에 진학하기 위해 초등 1학년부터 12년간 쉼 없이 달린다. 그 이후는 또 취업준비나 각종 고시로 수년의 청춘을 낭비하고 이후 취업해서는 결혼준비를 위해 또 돈 모으고 맞선 보고,

이런 프레임에 갇혀 살게 된다. 결혼 이후도 똑같이 자녀를 낳고 자신의 삶의 궤적을 반복하여 살게 한다. 자신조차 썩 행복하지 않았을 때도 말이다. 물질적 소비와 잠깐의 힐링 타임에 의지한 채 인생의 대부분은 가치 판단조차 하지 않은 사회적 프레임을 따르게 된다.

최근에 접한 여덟 살 어린이의 글은 참 씁쓸하고도 안타까웠다.

여덟 살의 꿈

나는 사립초등학교를 나와서
국제중학교를 나와서
민사고를 나와서
하버드대를 갈 거다
그래 그래서 나는
내가 하고 싶은
정말 하고 싶은 미용사가 될 거다[11]

당신이 지금 하려는 일이나 꾸는 꿈은 정말 자신이 원하는 것인가? 취업준비생들을 만나면 이들이 원하는 직업은 연봉이 높거나, 타인에게 설명하기 좋거나(예를 들어 대기업), 혹은 TV 광고 등에서 자주 접해서 인지가 높거나 했다. 그리고 그런 기준으로 입사한 이후, 인생의 쓴맛

11 「연세대학원신문 206호-시론 우리에겐 없는 학교」, 폴케호이스콜레(김경연)에서 발췌

을 보면서 행복과는 점점 멀어진 채 살고 있는 청춘을 여럿 보았다.

그래서 비전을 세울 때 진지하게 자신을 들여다볼 수 있는 시간을 가지면 좋겠다. 가령 이런 질문들은 도움이 된다.

- 나의 인생에서 가장 행복했던 순간은 언제인가? 그 순간에서 내가 행복했던 이유는?
- 어떤 일을 해야 10시간 이상 지속해도 즐거울 수 있을까?
- 자신에게 의미 있는 사람은 누구이고 이들과 관계를 성장시키기 위해 무엇을 할 수 있을까 ?
- 자신의 장단점은 무엇인가?
- 당신의 장례식에 당신의 가족, 친구, 동료, 이웃으로부터 당신은 어떤 사람이라 말할 것 같은가? 당신은 그들에게 무슨 말을 듣고 싶은가?

부자의 기준

대부분의 사람, 즉 자기 계발 서적이나 비전 교육을 접하지 않은 보통의 사람들은 소박한 꿈을 꾼다. 가족의 건강이나 직업적 성취, 어느 정도의 부를 소망한다. 그리고 "부자 되세요." 또는 "대박 나세요."를 기원하고, 로또를 사며, 일터에 나가는 것을 "돈 벌러 간다."라고 한다. 나는 주변에서 주식이나 부동산 투자 혹은 사업으로 작게는 수십억 원의 자산가에서 많게는 수백, 수천억, 수조 원의 자산을 가진 사람까지도 가까이서 접했다. 그들 중 일부는 이미 평생 노동을 하지 않고 살 수 있을 정도의 재물을 축적했으면서도 이웃과 작은 영업권으로 다투었다. 더 심하게는 형제와 돈 때문에 다투고, 하루도 쉼 없이 일하고, 나눔이나 베풂과는 거리가 있었다. 반면 내가 존경하는 멘토분들 중에는 소비를 줄여 나누고, 기업이 잘 되니 통 크게 취약계층이나 미래세대에 진심을 담아 후원하는 분들이 계셨다.

그분들을 십수 년간 지켜보면서 '부자'의 개념을 다시 세웠다. 내가 생각하는 부자는 자산 액수에 따라 좌우되지 않는다. 하기 싫은 일을 강요받지 않을 만큼 경제적 여유를 가지고 나눔과 베풂을 실천하는 사람이 부자이다.

4~5년 전에 라디오에선가 '나라별로 다른 중산층의 기준'이라는 내용을 접했다. 최근에 다시 생각나 찾아보니 출처가 정확하지는 않은데, 이런 내용이 인터넷에 떠돌고 있었다.

프랑스의 기준 (퐁피두 대통령이 Qualite de vie '삶의 질'에서 언급한 프랑스 중산층의 기준)

1. 외국어를 하나 정도는 할 수 있어야 하고
2. 직접 즐기는 스포츠가 있어야 하고
3. 다룰 줄 아는 악기가 있어야 하며
4. 남들과는 다른 맛을 낼 수 있는 요리를 만들 수 있어야 하고
5. '공분'에 의연히 참여할 것
6. 약자를 도우며 봉사활동을 꾸준히 할 것

영국 기준 (옥스퍼드 대학 제시)

1. 페어플레이를 할 것
2. 자신의 주장과 신념을 가질 것
3. 독선적으로 행동하지 말 것
4. 약자를 두둔하고 강자에 대응할 것
5. 불의, 불평, 불법에 의연히 대처할 것

미국 기준 (공립학교에서 가르치는 중산층의 기준)

1. 자신의 주장에 떳떳하고
2. 사회적인 약자를 도와야 하며
3. 부정과 불법에 저항하는 것
4. 그 외 테이블 위에 정기적으로 받아보는 비평지가 놓여있을 것

한국 기준 (직장인 대상 설문조사 결과)

1. 부채 없는 아파트 30평 이상 소유
2. 월 급여 500만 원 이상
3. 자동차는 2,000cc급 중형차 소유
4. 예금액 잔고 1억 원 이상 보유
5. 해외여행 1년에 한 차례 이상 다닐 여유

한국 기준(TV조선 '강적들' 방영 고액자산관리 전문가 PB 기준)

1. 금융자산: 최소 10억~30억
2. 부동산: 최소 20억~30억
3. 주택: 서울 강남 50평 이상
4. 생활비: 월 1천만 원 이상
5. 기타: 3,000cc 이상 최고급 승용차, 주 2회 이상 골프

나라별 중산층 기준의 차이가 느껴지는가? 위의 출처가 다소 정확하지 않다고 해도 뭔가 공감되는 것이 있을 것이다. 우리 사회가 언젠가부터 세상 모든 가치의 기준이 물질이 되었다는 것이다. 물론 먹고 사는 문제가 중요하고, 또 물질적 풍요가 가져다주는 많은 편리와 혜택이 있지만, 그것은 삶의 일부분일 뿐이다. 물질적 풍요만으로 행복한 사람을 본 적이 없다.

그러나 많은 사람들이 집단 최면에 걸려 물질적 풍요를 추구한다. 그리고 자본은 열심히 돈을 벌게 하고 또 소비에 열광하게 한다. 그래서 대부분의 사람들은 소비를 위해 인생의 중요한 가치를 놓치면서 벌고 쓰기를 반복한다. 일반 서민들은 뼈 빠지게 벌고 잠깐 소비의 기쁨을 느끼지만, 자본은 계속 집중되고 소비자를 유혹할 수 있는 더 좋은 상품과 서비스를 만들어 내면서 더 거대해진다. 그러면 개인은 끊임없는 노동과 소비의 굴레에서 계속 인생을 소비해 간다.

개인의 노동→개인의 근로소득→개인의 소비→자본의 재축적→자본의 새로운 서비스와 재화 생산→개인의 심화된 노동→개인의 근로소득이 끝도 없이 반복되는 패러다임이 반복된다.

한 7~8년 전쯤 어느 백화점의 샵마스터 교육장에서 교육생들의 입장을 기다린 적이 있다. 그분들은 고객을 위해 상품 판매를 하는 백화점 매장의 직원들로 서비스 교육차 100여 분 이상이 참여했다. 그분들의 월평균 급여가 대체로 200~300만 원 선이라는데, 그 교육장에서 명품가방을 들고 오지 않은 이는 정말 단 세 분에 불과했다. 그 단 세 분도 MCM 같은 준명품 브랜드의 백을 들고 있었다. 그러니까 거기에

모인 대부분의 샵마스터들은 최소 자기 월급 정도의 백을 소비한 것이다. 그때만 해도 아직 지방에서 명품 백이 보편화되지 않았는데, 그 교육장에서 대부분이 명품 백을 소유하고 있다는 것이 신기했다. 그분들은 다리가 통통 부을 정도로 종일 서서 일하고, 고객 불만에 머리를 조아리면서 그렇게 수고한 대가를 가방 소비에 썼고, 이것은 다시 백화점과 명품 브랜드의 매출 및 수입으로 이루어진다. 백화점은 어찌 보면 노동의 대가로 노동자들에 제공한 근로소득을 다시 되돌려 받았다고 해야 하나?

나도 8년간 대기업에 있으면서 적지 않은 돈을 받았지만, 대부분을 자본에 다시 돌려줄 수밖에 없었다. 일단 회사에서는 품위 유지를 원했기에 의류, 신발, 가방, 화장품 구매와 미용, 피부관리 등에 받은 월급의 30% 정도를 썼다. 그리고 업무 스트레스로 인한 건강관리를 위해 보약, 영양제, 스포츠 마사지도 필요했다. '나는 너무 고생했어. 떠나야 해.'를 외치며 자기 보상 여행에도 매년 적잖은 돈을 사용했다. 트렌디한 감각을 유지하기 위해 문화적 소비와 외식도 계속했다. 그러다 보니 실은 그 업무를 하지 않았으면 쓰지 않았을 지출이 급여의 절반 이상이었다. 이런 것에 생각이 미치자 나는 좀 사기당한 기분이 되었다. 기껏 나의 노동을 바치고, 그 노동의 성과는 나에게 재산형태로 축적되는 것이 아니라 더 많은 부분이 다시 자본으로 돌아갔다. 그렇다면 나는 뭘 때문에 일하고 있었을까?

아마, 트리나 폴러스는 「꽃들에게 희망을」을 통해 우리에게 이미 알려 주었을 것이다. 나도 이미 이런 경제구조를 알고 있었다. 다들 바삐 열심히, 누군가를 밟기도 하고 자신도 상처를 받으면서 사는데, 결국 그렇게 처절하게 올라간 꼭대기에는 아무것도 없다는 것을 말이다. 그리고 그건 모두가 아는 공공연한 비밀이라는 것까지 말이다.

그래서 나는 더 이상 이런 시스템의 노예가 되기 싫어서 회사를 그만두고 자유인을 택했다. 그러나 나보다 더 먼저 그리고 적극적으로 자신의 삶의 가치를 찾아 자발적 가난을 선택한 사람들이 있었다.

얼마 전에 SBS의 「뉴스토리」라는 프로그램에서 '부자가 아니어도 괜찮아요'라는 꼭지를 본 적이 있다. 거기에는 2쌍의 부부가 출연했다. 그들 중 1쌍의 부부는 국립공원 연구원과 특수학교 교사 커플로 30대 중반이었다. 이들은 200만 원 정도의 웨딩 비용으로 스몰웨딩을 하고 텃밭에서 농사를 지으며 외식을 거의 하지 않아 한 달에 식비로 50만 원 정도밖에 쓰진 않는다고 한다. 에어컨은 당연히 없고 선풍기도 사용하지 않을 수 있다면 사용하지 않는다고 한다. 그러면서도 가족을 위한 지출과 지역아동센터 생일잔치를 위한 지출은 칼같이 지킨다. 이는 본인이 소비의 굴레에서 자유로울 뿐만 아니라, 지구환경을 지키고, 공동체를 위한 나눔도 실천하는 것으로 굉장히 높은 수준의 삶인 듯하다. 또 다른 부부는 작가 부부였다. 이들은 직장생활을 하다가 그만두고 전세보증금을 빼서 2년 반 동안 세계 여행을 하면서 1개 도시에서 1달씩 머물며 다양한 세상을 경험했다. 그 이후로도 직장에 취업하지 않고 적은 수입이지만, 아껴 살면서 시간적 여유를 갖고 있다.

보통의 사람들은 "더 많이 벌어서 여유롭게 살고 싶다."라고 말하지만, 자발적 가난을 택한 이들은 "더 많이 벌면 여유롭게 살 수 없다."

라고 생각한다. 많이 벌려면 더 많은 시간을 노동에 투여해야 하거나, 혹은 더 많은 집중력과 에너지를 노동에 투여해야 한다. 그러면 여유롭게 살 수가 없으니 이들은 자신의 인생을 무의미한 노동에서 분리시켜 온전한 인생으로 살고 있었다. 이들은 억지로 노동하지 않고 자기가 하고 싶은 일을 할 수 있기에, 반찬 한두 가지의 식탁에, 그리고 낡고 오래된 가전제품이나 지하 셋방에도 행복해했다.

모두가 이들처럼 살 수는 없을지라도 사회가 부추기는 '부'나 '부자'의 개념에 대해 자신만의 내용을 고민해 보았으면 좋겠다.

당장 할 수 있는 것부터 시작한다

자신의 가게나 사업을 시작하는 사람들은 처음에 '이 가게는 대박 날 거야.'라거나, '이 사업은 번창할 거야.'라며 자신감 넘친다. 그런데 그 일들이 뜻대로 되지 않고 실패가 반복되다 보면, 심리상태는 바닥을 지나 저 멀리 안드로메다로 빠져버린다. 그때는 자신의 마음도 어쩔 수 없는 나약한 상태가 되어 의기소침, 주눅, 우울감, 무력감, 분노를 경험하기도 한다.

거듭 사업에서 실패하거나, 경력이 단절되었거나, 취업에서 몇 년째 고배를 마신 사람들, 아니면 다문화 배경을 가진 이들 역시 자신감을 유지하기 어려운 경우가 많다.

우선은 자신의 사명(Why) 속에서 존재감을 확인하는 것이 도전과 심리 근육의 힘을 키우는 데 가장 도움이 되지만, 간단하게 심리적 마법을 걸 수도 있다.

우선은 할 수 있는 것부터 다시 시작하는 것이다. 자연 법칙상 무언가는 포기하지 않고 계속하면 된다. 안 될 수가 없다. 내가 좋아하는 요요마 같은 첼리스트, 아니면 가까이서 김연아 선수 같은 사례를 보자. 그들이 과연 재능이 뛰어나서 성공했을까? 재능과 노력이라는 두 기준이 있다면 무엇이 우선일까? 그릿(IQ, 재능, 환경을 뛰어넘는 열정적 끈기의 힘)[12]에서는 노력(끈기)이 우선이라고 하였다.

심리학자 벤저민 블룸이 운동, 예술, 과학 분야에서 세계적 수준의 기술을 습득한 120명과 그들의 부모와 코치, 교사를 면담하고 보니 가장 성공한 전문가들도 처음엔 그저 그런 초보자였을 뿐이다. 다만 그들은 당신보다 훨씬 더 많이 그 일들에 1만 시간이나 그 이상의 시간을 쏟았다. 그것도 구체적인 목표를 정해 놓고 그 이미지를 계속 그리면서 말이다. 기존에 일반적으로 재능이 큰 영향을 발휘할 거라고 믿었던 운동, 예술, 과학 분야가 그러하니 다른 분야의 종사자는 더 말할 것도 없다.

그러니 오늘 내가 할 수 있는 것부터 시작해서 그것을 습관이 될 때까지 계속하라. 이를테면 나는 퇴사 후 직장에 다닐 때와 같은 시간에 일어나서 같은 시간에 일을 시작하겠다고 마음먹고 그렇게 하고 있다.

12 앤절라 더크워스 지음, 김미정 옮김, 『GRIT』, 비즈니스북스, 2016.

자, 당신은 오늘 아니면 내일 당장 무엇부터 시작할 수 있는가?

멈춰서 쉬고 싶을 때, 대충 느슨해지고 싶을 때, 자신의 사명을 생각하며 다시 끈기를 발휘해라.

자신이 영향력을 발휘할 수 없는 부분은 그대로 두어라. 몇 년 전 통신업계에 단통법이 시행되었을 때 많은 통신 대리점이 문을 닫았다. 개인이 통제할 수 없는 외부 변수이다. 그런 위기 상황에서도 자신이 할 수 있는 것은 분명히 있다. 그것부터 시작하면 된다.

나는 예전에 몰랐다. 내가 끈기 있는 사람인 줄…. 장거리 달리기를 못 하니 지구력이 없어서 인생의 지구력도 없는 줄 알았다. 그런데 살다 보니 내가 무언가 시작한 것을 중도에 포기하지는 않는다는 것을 알게 되었다. 아이가 돌이 되던 해에 시작했던 대학원 공부를 지금까지 12년째 하고 있다. 아이는 이제 중학생이 되었다. 직장 다니며 아이 키우며 중간에 휴학하고, 어찌어찌 석사 받고, 박사과정에서 몇 년을 또 헤매었지만, 아직도 포기하지 않고 있다. 오히려 굳이 박사를 따겠다고 회사를 정리해버렸다. 될 때까지 할 거니까 나는 조만간 학위를 받을 수 있을 것이다.

포기만 하지 않으면 당신도 할 수 있다. 환갑의 나이에 남미로 이민 간 한국의 한 교민이 채소 노점상에서 시작하여 70대 중반에 자신의 사업을 전국 슈퍼체인으로 성장시켰다. 이 글을 읽는 당신이 아직 환갑이 되지 않았다면, 당신도 할 수 있다.

당신이 소망한 것을 위해 한 걸음 나아갈 때 우주의 모든 기운도 당신을 위해 움직여 줄 것이다. 당신은 혼자가 아니다. 자신이 할 수 있는 것, 지극히 소소한 것에서 시작하여 오늘도, 내일도, 모레도 실행하고 그것을 습관으로 만들라. 그 습관들이 쌓이면 당신의 인생이 달라진다.

'이미 이루었다'는 것을 믿어라

저술에 참고할 책이 보이지 않아 책장을 뒤지고 있는데, 오랜만에 론다 번의 『시크릿』을 발견하였다. 며칠 전 자기계발을 막 시작하려는 친구와 카페에서 차를 마시다가 이 책을 소개한 터라 다시 눈길이 갔다.

인생 성공의 비밀, 저자가 거의 '자연의 법칙'이라고 생각한 '비밀' 말이다. 그것은 바로 '끌어당김의 법칙'이다. 사람은 자신이 계속 생각하는 것을 스스로 끌어당긴다. 예를 들면 '가난해지면 어쩌지?' 생각하는 사람은 계속 가난해지고, 뱃살을 고민하는 사람의 뱃살은 계속 두꺼워지는 식이다.

돈이 없던 사람도 이미 부자가 되었다고 생각하고 타인에게 주고 나누다 보면 우주 인류가 그를 도와주고, 능력이 부족하더라도 꿈을 이룰 능력이 있다고 생각하면 그 능력을 갖추게 된다.

이 글을 읽는 이들은 상당한 의심을 가질 수도 있다. 그러나 『영혼을 위한 닭고기 스프』의 잭 캔필드를 비롯해 이 책의 저자도 이 '끌어당김의 법칙'을 사용해 성공했고, 수많은 기적도 결국 이 끌어당김의 법칙이 작용한 때문이라고 한다.

미국 뉴저지주 러커스 대학교의 사회학자 엘렌 아이들러 교수는 건강에 대한 주관적 지각이, 즉 자기 건강에 대한 평가와 실제 건강 사이에 유의미한 상관성이 있다는 사실을 밝힌 바 있다. 즉 자신의 건강상태에 대해 최상, 아주 좋음, 좋음, 양호, 좋지 못함 단계로 나누어 평가하게 하고 추적 연구한 결과, 자신의 건강상태를 좋지 못하다고 평가한 사람들이 최상으로 평가한 사람들보다 4~7년 정도 빨리 사망했다. 즉 스스로 건강하다고 믿는 사람이 오래 산다는 것이다.

또 반대로 나쁘게 생각하면 나쁘게 이루어진다. 하버드대학 심리학과 연구팀은 아프리카 부두신앙을 연구한 적이 있다. 부두신앙은 피를 축복하고 악마를 숭배하는 것으로 알려진 아프리카 주술 신앙인데, 주술 행사 중에 주위 한 사람을 찍어 그 사람에 저주와 악담을 퍼붓는다. 그러면 놀랍게도 저주받은 사람은 심장 박동 이상으로 사망하게 된다. 평소에 건강했다 하더라도 말이다. 자신에게 악마가 달려온다는 심리적 공포는 심장의 박동을 증가시키고, 자신의 건강상태와 상관없이 죽음에까지도 이르게 한다.

내가 아는 한 장학사님도 젊은 나이에 교감이 꿈이었다. 본인이 그런 자격이나 연수를 갖추지 못했지만, 신앙의 힘으로 그 꿈이 이루어질 것이라는 걸 믿어 의심치 않았고, 진짜 거의 불가능할 거라고 주변 사람이 보았던 그 꿈이 이루어졌다고 한다. 당신이 이루고 싶고, 되고 싶은 삶은 무엇인가? 돈이 부족하다고 혹은 능력이 부족하다고, 성품의 못남을 탓하고, 혹은 사랑받지 못한다고 생각하고 있지 않은가? 그렇게 생각하는 대신 이미 나는 되는 사람이라고 생각해보자.

나는 날씨 운이 정말 좋다고 생각한다. 세계 곳곳을 여행할 때 신기하게도 내가 움직이면 날씨가 참 좋다. 우기에도 비가 덜 오고, 혹서기에도 그리 덥지 않다. 오히려 내가 한국을 떠나면 한국은 태풍이 오고, 우기라던 여행지가 쾌적한 날씨가 된다. 반면 내가 아는 Y씨는 세차만 하면 비가 오는 징크스가 있는데, 정말 일기예보를 보고 세차를 하는데도 당일은 물론 반드시 하루 이틀 내에 비가 온다.

재미있지 않은가? 나는 지금 불안한 신분이지만, 내가 원하던 것을 이미 이루었다고 생각하기로 했다. 내가 원하는 만큼의 돈을 벌고, 타인에게 선한 영향력을 미치고, 인간관계도 너무 완벽해서, 인생이 좋아 죽겠다고 생각하기로 한다. 위축됐던 마음에 자신감이 생기고 얼굴에 자연스러운 미소가 생긴다. 그것만으로도 나는 조바심에 의해 판단이 흐려지지 않을 것이고 안정감 있게 목표에 다가가는 것이다.

한번 상상해 보라.
당신은 이미 당신이 원하는 삶을 살고 있다.

한 손은 나를 위해,
다른 한 손은 타인을 위해

오드리 햅번이 아들에게 남겼다는 유언 "한 손은 나를 위해, 다른 한 손은 타인을 위해."는 언젠가부터 나의 신조가 되었다. 그러나 회사 생활하며 매월 월급을 받을 때는 그때대로 프리랜서로 강의를 하면서 불안정하게 먹고사는 문제를 걱정하는 지금은 지금대로 쉽지 않은 가치라는 것을 자주 느낀다. 직장에 다닐 때는 그 속에서 살아남는 것이 너무 힘들어서 헉헉대느라 나의 다른 한 손을 타인에게 내주지 못한 것 같다.

요사이처럼 불경기에 어수선한 시국이라면 한 손이 아니라 두 손으로 벌어서 먹고살기도 힘들다고 아우성치는 분도 계실 것이다. 나도 마찬가지로 죽을 힘을 다해 뛰고, 가족을 간신히 벌어먹이는 삶을 살아왔다. 그런데 이런 나에게도 더 크게 보고 성장하라며, 나의 앞으로 10년을 지켜보겠다는 분이 계셨다. 앞에서도 언급한 무진기연의 조성은 사장님이다. 그분의 이 말 한마디로 인해 나는 왜 칭찬이 고래를 춤추게 했는지 깨닫게 되었다. 그분의 그 한마디의 말은 내 인생에 적지 않은 파문을 주었다. 하루하루 생계를 어떻게 꾸미고, 자녀 교육과 부모 봉양을 어떻게 할까 이런 고민들로 주변을 돌아보지 못했던 내가 순간 부끄러워졌다. 다음날이 되어 곱씹어 보아도 나를 믿어주신 그 기대에 부응하고 싶었다. 사회와 소통하고 제대로 자리매김하는 데 마음을 못 돌렸던 내게 새로운 각오를 다지게 했다. 그 말 한마디를 통해 나와 가족의 생계와 더불어 지역과 국가의 인재로 성장할 나 자신에 대해 더 구체적으로 고민하게 되었다. 간신히 나 자신을 벌어먹이는 것조차 힘든 내게 새로운 역량이 더해져 뭔가 해낼 것만 같고, 꼭 해내야만 하는 그런 느낌이 들게 했다.

그분의 기대대로 10년 뒤의 나에 대해 생각해보았다. 더 많이 베풀고, 100인의 멘토 멘티를 만들고, 이제 나도 일가견을 이루고, 강의로 사람을 울리고, 힘을 돋우고, 전성기를 날리며, 멋지게 살리라. 그리고 또 하나 나도 누군가의 삶에 전환기를 가져올 인생칭찬을 하고 싶다. 내 비전 목록에 10명에게 인생칭찬을 드리기로 추가한다. 그러려면 누군가에게 관심을 갖고 자신조차 발견하지 못한 장점에 대해 진정성 있게 칭찬해 주리라. 이런 다짐과 각오들이 더 열심히 살 동기가 된다.

4

시대변화의 축

N E X T C A R E E R

나는 K그룹이 보유한 전국 15개 지역에 있는 수백 개의 상가 매장을 관리했다. 주 업무는 상권 개발 계획을 세우고 MD에 따라 적정 임대수입을 산정하여 임대차 계약을 맺고 매출을 촉진하고 관리하는 일이다. 삼성, 현대, SK, 신세계, 롯데, CJ 같은 대기업 법인부터 저 땅끝 해남의 구두닦이 소점포 사장님까지 다양한 스펙트럼의 파트너를 만났다. 그러면서 트렌드에 따라 다양한 브랜드들이 뜨고 지는 것을 보았다. 또한, 사업이 번창하는 계약자들이, 빌딩, 수입 대형세단, 밍크코트 등으로 부를 과시하는 것과 사업이 망해 보증금도 챙기지 못하고 도망가는 모습도 보았다.

다양한 기업과 자영업자들의 흥망성쇠는 나에게 업(業)의 생존과 성장을 위한 필수조건이 무엇인지 지속적으로 고민하게 했다. 내 고민이 창의성과 서비스나 품질 개선의 속도로 답을 얻어 갈 때쯤 MK 뉴스에서 미래기업의 조건[13]이라는 기사를 읽었다.

기획기사는 미래기업의 50년을 주제로 국내외 자문단과 한국 대표 경영학자 50인의 의견을 종합하여 미래기업이 갖춰야 할 조건으로 3대 핵심키워드를 선정하였다. 핵심내용은 빨라진 속도에 맞는 '샤크테일 경영', 벤처 정신 부활을 위한 '샤오웨이 방식', 혁신을 위한 '크라우

13 MK뉴스, 기획취재팀 정욱 기자 외, 2016.1.4.

드 아이디에이션(Crowd Ideation)'이었다. 즉 미래기업의 생존조건은 아이디어와 속도, 그리고 이를 담보할 조직형태라는 것이다. 내가 보고 있는 큰 줄기와 상통하는 견해이다. 개인이나 조직이 아이디어와 속도로 무장하는 데 작은 역할이나마 하고 싶어서 이 분야에 대해 기존의 연구와 내 고민들을 한데 묶기 시작했다. 각각에 대한 내용과 고민을 세부적으로 정리해 보았다.

❶ 샤크테일처럼 빠르게

첫째는 샤크 테일(Shark tail) 경영으로, 기업과 상품의 생애주기가 급격히 성숙했다가 사그라지는 모습이 마치 상어 지느러미를 닮았다. 새로운 영역의 제품이 동시다발적으로 쏟아지면서 제품과 기업의 수명이 현격히 짧아지는 현상에 맞춰 빠른 의사결정, 빠른 제품의 개발이 핵심이다.

IBM은 2012년 이후 제품개발 프로세스를 전면 개편하고 있다. 기존 시장조사를 거쳐 제품 콘셉트를 잡고 이를 연구해 출시하는 식으로는 속도 변화를 따라잡을 수 없다는 판단에서이다. 시장조사 과정을 아예 없애는 대신 디자이너를 대폭 보강해 이들이 현장에 배치했다. 현장의 디자이너들이 직접 제품 콘셉트를 잡고 개발자들과 협업활동을 해서 제품을 생산한다.

또 주목해야 할 기업은 샤오미이다. 샤오미는 고품질로 '대륙의 실수'라 불리며 중국산 제품의 고정 이미지를 깨뜨렸다. 애플 카피캣으로 시작해 종합 생활가전 영역으로 세력을 확장해왔다. 1week Process로 1주일 안에 신제품 개발이나 수정 등 모든 것을 끝내는 체계를 갖췄다. 제품개발(월요일)→사용자 피드백(화요일)→업데이트(수요일)→내부테스트(목요일)→발주(금요일) 이런 식의 빠른 속도를 유지한다. 제품의 고기능, 고품질에 집착하는 것이 아니라 소비자가 필요로 하는 제품이 무엇인지 파악하는 것을 우선으로 한다. 샤오미는 제품개발 프로세스로 단시간에 다양한 신제품을 시장에 선보였다. 샤오미의 핵심품목인 스마트폰, 태블릿PC, 공유기, TV 외에도 계속 신제품을 선보이고 있다. 우리나라 국민들이 쉽게 접하는 것은 샤오미 보조배터리나 레인보우 건전지이다. 그 외 나인봇(전동휠), 미스케일(체중계), 미밴드(스마트밴드), 이카메라(액션캠), 미에어2(공기청정기) 판매도 증가 추세이다.

레이 쥔(Lei Jun) 샤오미 공동설립자이자 최고경영자(CEO)는 2017년 1월 12일 직원과의 연례미팅을 통해 두 가지를 밝혔다. 먼저 회사의 2017년 매출 목표는 1000억 위안(한화 17조 2000억) 이상이라는 것이다. 이어서 자신들의 핵심 전략이 '기술 대혁신, 새로운 소매 모델 확립, 세계화'임을 밝혔다.

우리가 주목할 것은 샤오미 외에 다른 기업도 더 빠른 제품개발주기 속에 더 다양한 제품과 서비스군을 선보일 것이라는 거다. 우리가 자영업을 영위하든, 아님 스타트업을 하든, 그도 아니면 피고용인으로 남든 간에 이런 세상의 흐름을 알고 덤벼야 한다는 것이다.

❷ 작고 슬림하게 '샤오웨이'

둘째는 샤오웨이(Xiaowei) 경영처럼, 혁신을 위한 조직체계를 만드는 것이다. 장루이민 하이얼 최고경영자(CEO)는 2013년부터 2년간 전체 직원의 30%에 해당하는 인원을 구조조정을 했다. 2만 6000여 명의 인력을 단순히 해고하는 데 그치지 않고, 이들을 다시 샤오웨이 회사(小微公司) 직원으로 재고용했다. '작고 미세하다(small and micro)'는 뜻인 '샤오웨이(小微)', 이 이름처럼 대기업의 틀에 얽매이지 않는 소규모 조직을 만드는 것이 구조조정의 목적이었다. 기존의 폐쇄적인 조직 구조를 깨고 프로젝트 중심으로 인력을 재배치하면서, 연구개발 인력, 일반 직원, 심지어 물류배송 인력까지 모두 샤오웨이라는 소창업자로 만들었다. 샤오웨이를 지원하기 위해 투자 인큐베이팅 플랫폼도 설립했는데, 이 플랫폼에는 연 매출 1억 위안(한화 172억 이상)의 샤오웨이 기업이 100여 개에 달한다.

2015년 현재 중점 샤오웨이만 3914개가 활동 중이다. 장 회장은 "궁극적으로 전 직원 개개인이 한 개의 회사처럼 움직이는 회사를 만드는 것이 목표."라고 하였다.

2013년 5월, 세계최대 B2B 온라인 쇼핑몰 알리바바 본사가 있는 중국 항저우에서는 창업자 마윈의 최고경영자(CEO)직을 사임하는 행사가 있었다. 당시 49세였던 마윈은 "내일부터 난 새 생활을 시작할 것." 이라고 말하였다. 쉰도 안 된, 마윈이 사장직을 내놓은 이유는 알리바바가 만든 임원 퇴직제도 때문이다. 이 회사는 본인 현재 나이와 회사

재직기간을 합쳐 '60년'을 초과하면 퇴직 신청이 가능하다. 이후엔 알리바바 '명예이사'가 되고 이름만 직원으로 남게 된다.

그래서 CEO 14년째의 마윈은 자신 스스로 만든 퇴직 신청의 규칙을 지켰다. 최근 사임한 루자오시 사장은 올해 47세이다. 2000년 입사한 그는 나이와 재직기간을 합쳐 63이 되자 퇴직을 신청하였다.

알리바바의 이런 '규칙'은 조직을 끊임없이 '새로고침'하게 만든다.

끊임없는 새로고침, 앞으로도 우리 삶은 숨 가쁘게 달려갈 것 같다. 그러나 단순반복적인 업무는 로봇 등이 도와줄 것이니, 우리는 핵심업무와 세상의 변화에 집중해야 한다. 그러려면 계속 학습하면서 세상의 변화를 읽어야 하고 그중에서 자기가 꼭 지켜야 할 사명을 위해 변신을 반복해야 한다.

❸ 내외부의 아이디어를 모아서

미래기업이 갖춰야 할 또 하나 요건은 새로운 혁신을 위한 아이디어를 잘 활용하는 체제를 갖추는 것이다. 아이디어는 내부에만 그쳐서는 안 된다. 회사 내외부의 모든 아이디어를 끌어모으는 '크라우드 아이디에이션(Crowd Ideation)'이 필요한 이유다.

✔ 삼성전자 모자이크

삼성전자는 2013년부터 집단지성 프로그램인 모자이크(MOSAIC)를 통해 직원들의 아이디어를 모아 기업혁신에 반영하고 있다.

일 평균 5만 명이 접속하는 모자이크 프로그램을 이용해서, 2014년부터 2015년 상반기까지 1년여간 56개의 아이디어 공모전 및 143건의 온라인 토론회를 열었다. 그 결과, 131건의 특허출원과 52건의 사업화, 선행과제 21건을 연계하는 성과를 올렸다. 일례로 스마트폰의 NFC(근거리통신) 칩의 성능개선 아이디어는 650억 원의 비용을 절감하기도 했다.

2016년에도 삼성전자와 삼성카드 10만 임직원은 '모자이크(MOSAIC)'로 협력해서 1000여 개의 아이디어를 냈다. 이중 심사를 통해 최종 선정된 4~5개 아이디이가 사업화로 이어진다. 삼성카드 빅데이터를 활용한 커넥티드카 서비스 개발, 사물인터넷(IoT) 기반 공동 플랫폼 사업 추진 등이 주요 내용이다. 몇 년 내엔 삼성카드 이용자 위치정보와 빅데이터에 기반하여 차량 운전 시 자동으로 근처 제휴 가맹점에서 쓸 수 있는 쿠폰과 할인정보 안내를 받을 수 있을 것이다.

✔ 샤오미 골수 팬 '미펀'

샤오미 역시 시장성보다는 소비자가 꿈꾸는 상품을 빠르게 그리고, 구매가 용이한 가격에 판매하는 혁신전략으로 급성장했다. 이는 플랫폼에 기반한 것으로 고객이 서비스를 소비하는 것을 넘어 제작, 판매 과정까지 참여한다. 플랫폼 생태계 안에서 다수의 소비자와 생산자 간 제품 생성의 왕성한 교차활동이 일어난다. 소비자가 때로는 생산자로, 생산자 역시 때로는 소비자가 되는 새로운 시장이 생긴다.

최근 자주 쓰이는 프로슈머(prosumer)라는 용어도 '생산하다'라는 뜻의 'Product'와 '소비하다'는 뜻의 'Consumer가 결합된 것이 아니던가?

생산과정에 참여하는 소비자가 더 늘어날 것이다.

샤오미는 온라인 서포터이자 골수 팬인 '미펀(米粉)'을 품질 개선에서부터 마케팅까지 모든 분야에 참여시키고 있다. 샤오미의 광고 문구는 "샤오미와 미펀이 함께 손잡고 당당하게 나가자."이다. 2015년 말 기준으로 활동 중인 미펀은 1000만 명이 넘는다. 이들은 샤오미가 제품을 출시한다는 기사에 수만 개의 댓글을 달고 SNS를 통해 사실을 퍼뜨리기도 한다.

4차 산업혁명의 시대는 독점 기술과 독점 시장을 인정해주지 않는다. 기술 협업을 통한 네트워킹과 융합이 시너지를 창출하는 풍토가 자리 잡아야 한다. 업종 간 고유영역이 허물어지는 시대에 삼성과 현대차가 자동차 부품과 자율주행차에서 기술 결합을 도모하지 못할 이유가 없다. IoT(사물인터넷)이든 인공지능(AI)이든 제조업체와 이동통신사들이 각자의 시장만 선점하겠다고 나서면 필패다. 기존 시스템의 폐쇄성으로는 지금 같은 초불확실성의 시대에 최적치를 찾을 수 없다. 초불확실의 시대에 집단지성이 강조되는 이유이다.

로봇 저널리즘

'11득점' KIA 타선 대폭발, 롯데 대파[14]

2016-04-24, KIA 11: 4 롯데, 사직

24일 사직구장에서 열린 KIA와 롯데와의 2016 타이어뱅크 KBO리그에서 KIA가 봇물터진 득점에 힘입어 대승을 거뒀다. KIA는 16안타 2홈런을 뽑아내며 탁월한 경기력을 보여줬다.

이 중에서 홈런을 터뜨려 큰 활약을 한 선수는 바로 신종길, 이범호이었다. 롯데는 4점으로 승리를 노렸지만, 턱없이 부족했다.

1회 초 KIA는 무사 2루 상황에서 노수광의 번트안타로 1, 3루 상황을 만들고 (이하생략)

코스피 4.92포인트 하락, 1840.53 포인트 거래 마감[15]

코스피가 전날보다 4.92포인트(-0.27%)하락한 1840.53포인트로 거래를 마쳤다. 이날 개인과 외국인이 각각 287억원, 2971억원어치를 동반 순매도하며 지수 하락을 이끌었으며, 기관은 3120억원을 순매수했다. 시가총액 상위 종목 중에는 오른 종목이 더 많았는데, 삼성전자(-0.62%), 한국전력(-1.94%), 삼성전자우(-1.14%)가 하락한 반면, 현대차(0.37%), 삼성물산(0.68%)등은 상승세를 보였다. 업종별로는

14 프로야구 뉴스로봇, 2016.4.24.

15 파이낸셜 뉴스, 2016.1.21.

음식료업이 0.06%, 화학이 0.42%, 기계가 2.03% 상승했으며, 섬유의복이 -0.22%, 종이 목재가 -0.57%, 의약품이 -1.49% 하락했다.

위 기사는 컴퓨팅 기술에 의존해 소프트웨어를 활용하는 방식으로 작성이 되었다. 이러한 기사 작성방식을 '로봇 저널리즘'이라고 하는데 이미 국내에도 2015년을 기점으로 확대되고 있다.

한국언론진흥재단 미디어연구센터가 2015년 일반인 500명과 현직 기자 164명을 대상으로 조사한 결과, 일반인의 69.8%는 로봇이 인간 기자를 보완할 것이라고 응답했다. 기자들의 경우는 응답 비율이 더 높아서 응답자의 89%나 로봇이 인간을 보완할 수 있다고 하였다.

최근 국내 로봇기사는 자동생성 알고리즘에 의해 작성되는 것으로, 주식의 종목시세 변동, 이벤트와 수급 관련 집계 뉴스, 스포츠 경기 등에서 실시간 기사를 쏟아내고 있다.

그러나 이제 시작일 뿐이다. 앞으로 날씨, 스포츠, 연예 등 다양한 영역으로 로봇기사가 확장될 것이다.

왜냐면 로봇은 하루 250개 정도의 기사를 쓰고 있으며, 로봇이 쓴 기사는 인턴 기자가 기사를 쓰는 수준이다. 이것을 기자가 교정만 보면 빠르게 기사화를 할 수 있는 수준에 이르렀다. 해외 로봇기사는 위의 두 사례보다 훨씬 발달하여 인간이 쓴 것처럼 정서적인 느낌도 물씬 풍긴다. 또한, 로봇 저널리즘이 독자 개인 맞춤 기사를 통해 새로운 가치를 창출할 수 있다는 주장도 나온다. 언론사가 독자들이 궁금해 하는 모든 종목에 대해 기사를 쓰려면 막대한 인력투입(인건비)과 시간이 필요한데, 로봇 기자를 이용하면 이를 쉽게 해결할 수 있다는 것이다. 무엇보다 독자들이 로봇의 기사와 인간의 기사를 구분하기가 쉽지 않다.

한국 리서치는 2015년 7월 24부터 8월 10일까지 진행된 알고리즘을 통해 작성된 기사와 인간 기자가 작성한 기사에 대한 일반인 독자들의 인식 정도에 대한 조사를 실시했다.

일반인과 기자들에게 다섯 건(기자 기사 3건, 로봇기사 2건)의 기사를 제시하고 누가 쓴 기사라고 생각하는지 기사작성 주체를 물었을 때 기사작성 주체를 맞힌 정답률은 일반인 46.1%, 기자 52.7%에 지나지 않았다. 인간 기자가 쓴 기사를 원형으로 삼아 구축되는 알고리즘이기 때문에 아직 한계는 있지만, 데이터만 완비되어 있다면 로봇기사는 인간기사와 거의 유사한 형식과 내용을 가질 수밖에 없다.

수십 년간 인문계에서는 신문기자를 꿈꾸는 친구들이 제법 많았고 신문방송학과도 경쟁률이 높았었다. 현직기자나 이제 막 관련 학과에 입학한 학생들이나 앞으로 미래에서 뭔가 새로운 돌파구를 찾을 필요가 있어 보인다.

창직의 시작

직업이라는 것은 경제성, 윤리성, 계속성, 사회성이라는 요건이 필요하다. 즉 임금(수입)을 위해 정신적, 육체적 노력의 제공(경제성), 직업 활동의 윤리나 법에 저촉되지 않을 것 (윤리성), 생계유지의 목적으로 지속적 노동의 제공(계속성), 그리고 사회적 활동에 기반한 특성(사회성)을 띤다.

개인이 기존 노동시장에 진입하지 않고, 자신의 지식이나 기술, 능력, 흥미를 바탕으로 창의적인 아이디어와 활동을 통해 새로운 직업을 만들어 내는 것이 바로 창직이다.

경제패러다임이 변화하고, 문화, 창조, 지식 이런 키워드가 부각되면서, 소멸되는 일도 있는 반면, 고객의 개성이나, 생활 수준의 상향에 따라 새로 필요한 일도 있는 것이다.

이것은 취업난의 해결책이 될 수 있으며, 저작권, 특허, 상표, 디자인, S/W를 기반으로 한 사업들이 창직의 주요 대상이 된다.

한국고용정보원에서는 해마다 「우리들의 직업만들기」라는 자료를 통해 창직과 관련된 정보를 안내하고, 청장년층의 창직을 독려하고 있다.

아이디어 컨설턴트

개 념

아이디어 컨설턴트는 소비자 중심의 아이디어를 도출한 후 아이디어 방법론을 적용해 이를 구체화하고, 새로운 콘셉트를 개발하며 관련 시나리오 구상 등의 업무를 수행하는 사람을 말한다.

국내 1호

크리베이트 파트너스 박성연 대표

관련 전공, 경험

전공은 경영, 마케팅, 광고, 심리, 소비자, 디자인 등의 전공이 관련 있지만, 제한이 있는 것은 아니다. 마케팅 관련 업무나 상품개발 부서에서의 실무경력은 현장에서 일하는 데 도움이 된다.

업무 내용

주로 하는 일은 새로운 제품이나 서비스의 콘셉트를 구상하고, 실물로 구체화시키는 것이다. '혁신'이란 과정을 통해 소비자를 중심으로 제품이나 서비스를 진단하고 기획한다는 점에서 기존 경영 컨설턴트와는 구별된다. 시장에서 수익성을 높이는 것도 중요하지만, 기존의 제품과 서비스와는 차별화된 고객 중심의 가치를 낼 수 있도록 혁신적인 제품 및 서비스를 구성하고 구체화하는 역할을 한다. 컨설팅 과정은 고객이 요청한 프로젝트에 따라 차이가 있지만, 일반적으로 새로운 상품 및 서비스의 콘셉트 개발, 소비자경험(User Experience)의 개선, 미래 시나리오 도출 등으로 나눌 수 있다.

전 망

프로젝트를 의뢰하는 기업은 가전제품 제조사에서부터 IT, 통신사에 이르기까지 매우 다양하며 공공기관 및 중소기업 등으로 서비스 영역이 확장되고 있다. 임금수준은 실력 및 경력에 따라 차이가 있지만, 기본적으로는 국내기업의 평균 연봉 수준과 비슷하다. 현재 산업 규모는 국내에서는 막 시작한 단계라 산업 초기 단계로 생각하면 된다. 급변하는 사회에서 변화를 주도하기 위해서는 상상력, 창조력, 창의력 등이 뒷받침되어야 한다. 따라서 기업 및 다양한 조직의 창의력 향상뿐만 아니라, 프로젝트의 과정과 결과의 창의성도 높여주는 아이디어컨설턴트의 역할이 더 중요해질 것으로 보인다.

필요한 자질

아이디어 컨설턴트는 창의력, 통찰력, 커뮤니케이션 능력이 필요하다. 창의력 향상을 위해서는 현존하는 사물, 제품, 서비스 등에 대한 관찰 훈련과 다양한 관점에서 질문을 재구성해보는 능력이 필요하다. 어떤 일이든 스스로 문제를 발견하고 창의적으로 해결하기 위해 노력한 경험이 있거나 모두가 그냥 지나치는 것에 의문을 갖고 통찰력을 발휘한 경험이 있다면 그것이 경력이 된다.

커뮤니케이션 능력 역시 중요한 요소다. 아이디어 컨설턴트는 새로운 아이디어를 타인에게 이해시키고 공감을 이끌어내기 위한 다양한 방법들을 모색하고, 청중이나 업무의 성격에 따라 최적의 방법을 적용할 수 있어야 한다.

유사 직업

경영 컨설턴트

푸듀케이터

개 념

푸듀케이터는 푸드(Food)와 Educator(교육가)의 합성어이다. 식생활 교육가로 생각하면 쉽다.

국내 1호

국내 1호 푸듀케이터는 노민영 대표(푸드 포 체인지)이다.

그녀는 음식과 관련된 여러 가지 환경, 건강, 농업, 지역경제 등의 사회적 문제를 식생활 교육과 캠페인을 통해 개선하고자 하는 일을 하고 있다. 식생활 교육 콘텐츠와 커리큘럼을 기획하고 직접 운영하고 있다. 외국에서 식문화 운동인 슬로푸드를 접하고 나서 한국의 식문화 개선 운동을 전개하였다. 그러다가 교육의 중요성을 깨닫게 되었고, 식생활의 교육적 메시지를 담아 전파하는 일을 시작하였다.

관련 전공, 경험

이 직업은 음식과 교육에 관심 있는 식품영양학과, 외식산업경영학과, 교육학과 전공자들이 접근하기에 좋을 것 같다. 요리에 관심이 있고, 고용형태와 상관없이 외식업체 근무나 식품 관련 직업 경험, 음식 관련 블로그 활동 경험이 있으면 더 좋겠다.

업무 내용

여러 가지 교육과 캠페인, 이벤트, 저술 등으로 소비자의 의식을 개선하는 것이다. 예를 들어 아동과 청소년의 비만, 밥상머리 교육의 단절, 음식 낭비와 환경오염 등의 이슈를 만들고 식문화 변화를 주도하는 것이다.

전 망

푸듀에듀케이터를 식생활 교육자로 국한하지 않고, 좀 더 진취적으로 사업의 내용을 확장하는 것이 필요하다. 건강과 환경에 대한 관심은 앞으로도 증대될 것이므로 관련 직업에 대한 수요도 증대할 것이다.

필요한 자질

다양한 경험 행동력, 인내심, 의사소통능력으로 글쓰기나 스피치 능력을 요구한다.

유사 직업

식품 영양과 관련해서는 고객에게 적합한 식단을 제공하거나 건강한 식단을 통해 체중관리와 식이요법을 도와주는 다이어트 프로그래머나 체형관리사가 있다. 식단 추천에 더하여 농산물 직거래까지 업무 범위를 확대한 농산물 꾸러미 식단 플래너나 이슬람 율법에 따른 할랄푸드와 관련된 할랄인증 컨설턴트의 창직 사례도 보고된 바 있다.

창직실습
: 비즈니스 스토리텔러

자신이 하고 싶은 일을 하면서 먹고사는 문제를 해결할 수 있다는 것은 굉장히 축복받은 일이다. 안정된 직장에 과감하게 사표를 던진 나는 현재 가진 스펙과 경력, 인간관계 등을 가지고 무엇을 할 수 있을까 살펴보았다. 박사학위 논문을 쓰고 있던 상태라 1~2년 후면 박사학위를 받을 수 있었고 대기업 근무경력도 있었지만, 연구직으로 가기에도, 다른 대기업으로 가기에도 애매했다. 대학교수도 생각해보았지만, 경쟁도 너무 심하고, 계속되는 연구 중압감이나 현실과 거리가 있게 진행되는 이론적 논의에 평생을 바치고 싶은 마음도 없었다.

그래서 나도 창직이라는 것을 고민하게 되었다. 앞선 사례도 본 바가 있어서, 내가 가진 지식과 경험을 결합 발전시켜서 비즈니스 스토리텔러라는 것을 생각해내었다. 비즈니스 스토리텔러는 기업이나 기업가에 대한 스토리를 청중에게 전달함으로써 청중의 기업가 정신과 비즈니스 아이디어를 촉진하는 직업이다. 아마, 본 저자가 국내 1호가 되지 않을까 싶다. 경영학 전공자의 새로운 진로로서 비즈니스 스토리텔링을 고려할 필요가 있다.

창직 이후 업무 내용에 대해서는 기업 및 기업과 관련 내용의 기고, 강의, 비즈니스 여행 가이드를 구상해 보았다. 딱딱한 경영학 강의 대신 비즈니스 현장을 중심으로 스토리텔링을 진행한다는 점에서 재미와 현장감이 증가하여 새로운 교육기회가 될 것으로 예상한다. 필요한 자질로는 경영학적 지식, 트렌드에 대한 민감성, 원고 작성에 필요한 문장력, 발표력 등의 커뮤니케이션 스킬을 들 수 있겠다.

필자는 이 일의 시도를 위해 (사)꿈과 도전, (사)인재육성아카데미라는 단체와 협약을 맺고 비즈니스 아이디어 투어라는 성인 대상 프로그램과 어린이를 위한 기업가 정신 캠프라는 프로그램을 만들었다. 비즈니스 아이디어 투어는 국내를 시작으로 해외까지 점차 확대하여 진행할 계획이다. 기업 활동이나 기업가에 관심 있고 여행과 사람 만나는 것을 즐긴다면 비즈니스 스토리텔러라는 새로운 직업을 고민해 봄 직하다.

비즈니스 스토리텔러

개 념

비즈니스 스토리텔러는 사업적 아이디어 모색과 기업가 정신 함양을 위해 기업과 기업인의 이야기를 교육 대상에게 소개하는 사람이다. 교육대상을 위해 비즈니스 스토리텔링을 위한 아이템을 개발하고 현장 방문과 교육 프로그램을 개발하며, 관련 내용을 저술, 기고, 출판, 강의한다.

국내 1호

아이디어캐빈 김세화 대표이다

관련 전공, 경험

경영학, 방송미디어학, 관광학, 교육학, 국문학 등의 전공자라면 더욱 편하게 접근할 수 있을 것이다. 교육 기획 업무 경험자가 유리하다.

업무 내용

주로 하는 일은 기업과 기업인, 브랜드와 관련된 스토리를 수집하고 교육 대상에 맞게 소개하는 일이다. 교육대상은 주로 기업체 임직원, 취업·창업·이직 희망자나 자영업자 등 비즈니스를 업그레이드시키기 위한 배움과 아이디어를 촉진할 기회가 필요한 사람이다. 때로는 초중고 청소년들에게 기업가 정신 함양을 위해 기업가나 기업의 도전 및 혁신에 관한 내용을 전달하기도 한다. 마치 문화 해설사나 여행 가이드처럼 기업, 기관, 단체, 쇼핑몰 및 이색가게 등에 투어를 하기도 하며 교육실에서 강의처럼 내용을 전달하기도 한다. 교육대상의 특성을 파악하며 커리큘럼을 기획하고 현장 투어 방문지나 면담자 등을 섭외하기도 한다. 스스로 배우고 성장할 기회가 많으며 타인의 성장 역시 도울 수 있다는 점에서 매력 있는 직업이다. 교육대상을 위해 비즈니스 아이디어 촉진을 위한 투어 등을 직접 진행한다는 점에서 기존 경영 컨설턴트와 구별되고, 브랜드 마케팅에 도움을 주는 것이 아니라 교육서비스 제공을 목적으로 한다는 점에서 기존 브랜드 스토리텔러와도 구별된다.

전 망

비즈니스 스토리텔러를 찾는 사람은 교육기관 및 기업체 등이다. 앞으로 비즈니스 여행이 더 발전한다면 여행사도 주요 고객이 될 수 있을 것이다. 또한, 스스로도 프로그램 개발을 통해 교육대상을 모집하고 직접 서비스를 제공할 수도 있다. 국가 보조금을 지원받는 창업·취업 프로그램과도 연계하여 서비스를 제공할 수 있고 교육대상도 초등학생부터 성인에 이르기까지 다양하게 진행할 수 있다. 임금수준은 실력 및 경력에 따라 차이가 있지만, 기본적으로는 국내기업의 평균 연봉 수준과 비슷하다. 현재 산업 규모는 국내에서는 막 시작한 단계라 산업 초기 단계로 생각하면 된다. 비즈니스를 개선하고 변화 발전시키는 것을 업을 영위하는 사람의 기본적 관심사이며 세상의 빠른 변화는 끊임없이 배우고 훈련받는 것을 요구한다. 그리고 교실의 교육보다는 현장 경험이 비즈니스 교육에 있어 효과적이므로 앞으로 수요는 기하급수적으로 늘어날 것이다. 이때 재밌고 알기 쉽게 비즈니스 포인트를 설명할 수 있는 비즈니스 스토리텔러의 중요성은 더 커질 것이다.

필요한 자질

현장 투어와 교육 프로그램을 효과적으로 전달하기 위해 교육학적 지식과 경영학적 지식이 동시에 요구되며 글쓰기 능력과 구두 전달력 등 수준 높은 커뮤니케이션 스킬이 요구된다. 트렌드와 변화되는 경영환경에 늘 관심을 가져야 하며, 일주일 넘게 국내외 비즈니스 투어를 진행하는 경우도 많으므로 체력관리도 필수이다.

비즈니스 스토리텔링 1. 대만의 VVG와 성품서점

재벌 중심의 기업문화에 익숙해진 우리에게 대만에는 대기업이 없다는 사실은 좀 낯설다. 대기업이 아닌데 대기업의 그것보다 더 좋은 제품이나 서비스를 접한 경험도 부족하고 태어나서 마흔이 넘도록 대기업의 프레임에서 갇혀 있는 듯하다.

그런데 대만의 VVG나 성품서점, 궁원안과 등은 적지 않은 메시지를 던져 주었다.

VVG(Very Very Good)는 'Lifestyle Village in Twain'을 표방한다. 정말 재미있는 곳이다. VVG는 매장별로 별칭이 붙고 매장별로 판매 아이템이 다르며 인테리어와 디스플레이도 각각이다. VVG 플레이플레이나 썸씽은 책과 소품, VVG 프라이드는 식료품과 수공예품, VVG 쉬폰은 패브릭과 재봉용품, VVG 봉봉은 음식, VVG 액션은 디저트와 음료를 판매한다. VVG는 몇 가지 편견을 깬다. 첫째, 브랜드별 취급하는 품목이 다르다. 책, 소매, 음식, 식료품, 패브릭 등 취급 아이템에 제한이 없다.

둘째, 매장별 인테리어가 통일성 대신 개성을 갖는다. 셋째, 매장별 고유 별칭이 붙는다. 그리고 각 매장이 아티스트들과 콜라보레이션을 통해 오픈한 탓인지, 예술성과 상업성의 경계가 없다. 매장에 다양한 아이템도 예술작품인 듯 고가이지만, 타이완의 VVG는 그 아름다움과 개성으로 인해 핫 포토존이 되었다.

실제 타이중에 있는 국립가극원에서 VVG 매장을 보고 처음에는 갤러리인 줄 알았다. 원예 관련 책은 원예 소품과 함께, 다도 관련 책은 다도 소품과 함께 전시하고 판매한다. 왠지 아이템 디스플레이를 상점 점원이 아니라 큐레이터나 작가가 한 것만 같다. 그 정도로 아름답다.

대만의 성품서점은 책 읽는 사람을 아름다움의 주체로 끌어들였다. 성품서점은 우리나라 반디앤루니스나 영풍문고 같은 도서 판매 브랜드이다. 성품서점 뚠난점은 타임지가 2004년 아시아 최고 서점으로 선정하기도 하였다. 운 좋게도 내가 타이페이에서 묵었던 쭝샤오둔화역 근처에 이 서점이 있었다. 지하 2층에서 지상 2층으로 규모도 크지만, 발상의 전환이 되는 부분이 있다. 우리는 백화점이나 몰 안에 일부 서점이 있지만, 이곳은 큰 서점 속에 생활과 쇼핑을 포함하였다.

몇 가지 특별한 서비스도 소개하고 싶다. 첫째, 24시간 운영이다. 서점이 무슨 편의점도 아니고 24시간 운영이라니, 야간근무수당이나 전기료 등등을 경영상 이익만 생각한다면 하기 어려운 서비스이다. 둘째, 구하기 힘든 진귀한 책도 고객을 위해 구해주는 서점으로도 유명하다. 셋째, 음반코너에서는 요새는 찾기 힘든 LP판을 다량 판매하는데, 이것이 추억을 되살리고 감성을 자극한다. 이 LP 음반을 들으면서 커피 한잔할 수도 있다는 것도 매력이다.

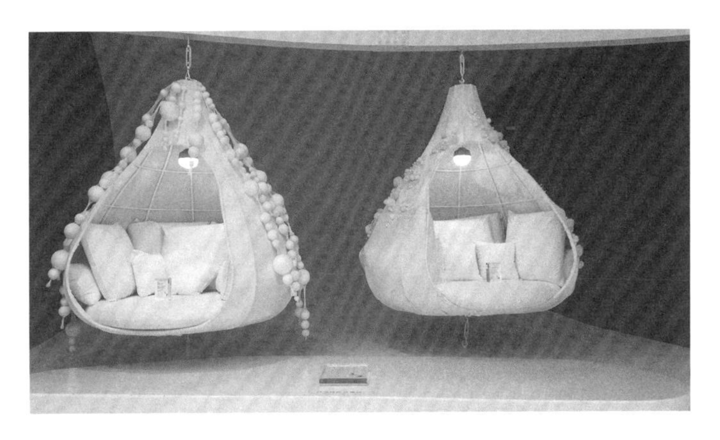

VVG의 1인 서재 모델

VVG의 도구를 주제로 한 책과 관련 소품

당장 깨물어 주고 싶게 앙증맞은 케이크나 가족과 함께할 수 있는 음식 판매장도 서점 안에 있다. 가보지 않고는 상상하기가 쉽지 않다.

성품 서점이 단지 책 장사가 아니라 책과 고객의 생활에 대해 고민을 많이 했다는 것을 느낄 수 있었다

서점 1층 인디밴드의 음악공연도 즐겁고, 2층 서점 창틀에 책들과 초록 나무가 어울려 아름답다. 서점의 마룻바닥은 삐그덕 삐그덕 정겨움이 묻어난다. 그리고 그 마룻바닥에 주저앉아 책 읽는 재미에 푹 빠진 사람들의 모습이 이 서점의 아름다움을 완성한다.

성품서점 곳곳에서 책 읽는 사람들

성품서점에서 판매하는 LP판

비즈니스 스토리텔링 2. 무인양품

무인양품은 설립 당시 'No brand goods'란 말을 모토로 내세우며 멋이나 치장보다 쓸모와 편리를 중요시하는 브랜드의 이상을 밝혔다. 이는 현대의 미니멀리즘과도 부합하면서, 일본이 과거부터 계승해온 만물에 대한 개념의 현대적인 해석이기도 하다. 그래서 무지의 물건들은 하얗고 여백이 많은데, 일본의 경제학자 이시이 쥰조는 "무인양품은 일본의 정신, 일본 사람들의 생활을 상징하는 브랜드."라고 하였다. 무인양품은 일본 대중에게 '소비의 브랜드', '구매의 브랜드'를 넘어 '습관의 브랜드'가 되었다.

그런데 그들에게도 위기가 없었던 것은 아니다. 창업 10년째가 되는 1999년을 정점으로 상승세가 꺾이자 무인양품 회생 프로젝트가 시작된다. 당시 사장이었던 마쓰이 다다미쓰와 일본을 대표하는 디자이너 하라 켄야는 뒤집어엎기 프로젝트(Bottom up based project)를 추진한다. 내외부 문제를 진단하고 고객과 소통하면서 브랜드의 콘셉트를 다시 잡는다. 이때 잡은 개념이 바로 '이것으로도 좋아'이다. 무인양품은 브랜드가 아니며, 무인양품은 개성과 유행을 상품으로 삼지 않고 상품의 인기를 가격에 반영시키지 않는다는 철학이다. 브랜드가 아니라는 콘셉트가 오히려 브랜드의 가치를 높이고 고객을 끌어모으니 참 아이러니하다.

제품에는 색을 넣지 않고 염색도 하지 않는다. 제품 어디에도 로고는 보이지 않는다. 무인양품 디자인은 극단적일 만큼 평범하다.

나는 일본과 타이완에서 무인양품 브랜드를 접하고, 상품의 구색에 놀랐는데, 지금껏 만들어 판매하고 있는 상품 수는 7000점이 넘는다.

기존에 접했던 라이프 스타일 브랜드는 식기나 인테리어 소품, 아니면 의류 등이었다. 그런데 무인양품은 카레, 된장국, 스파게티 등의 레토르트 식품과 스킨, 로션 같은 화장품도 취급했다. 게다가 신발과 가방, 다양한 문구에 침대, 식탁 같은 가구까지 현대인이 생활하면서 기본적으로 갖추어야 할 품목들은 다 포함했다. 일본인의 24시간 생활을 관찰하면서 브랜드를 진행시키다 보니 취급품목이 점점 확대되었을 것이다. 과한 장식과 군더더기를 빼서 디자인은 담백하며 합리적인 가격에 필요한 기능은 다 갖추었다.

무인양품은 '무지그램(MUJIGRAM)'이라는 매뉴얼에 따라 '정리, 정돈, 청소, 청결, 습관'이라는 5S 활동에 주력하고 있다. 이 밖에도 무인양품은 2011년 소셜 게임 'MUJI LIFE'를 만들어 가상의 공간에서 무인양품의 라이프 스타일을 미리 체험해 볼 수 있게 하였다. 홈페이지에서는 자전거 인구가 많은 역의 마을 가꾸기 제안, 신생아 의류에 대한 고민과 제안, 카라반투어를 하면서 접한 전국 명물 등이 소개되고 있다. 이제 무지는 더 이상 상업 브랜드가 아닌, 하나의 문화이며 하나의 삶의 방식이다. 그리고 이 간소하고 군더더기 하나 없는 세상이 오늘날 일본인들의 일상을 대변한다. 아무 표시도 없는 삶. 하지만 모든 게 충분한 세상. 무인양품은 지금 일본에 제시된 하나의 이상적인 이정표다.

이런 성과로 무인양품은 전 세계 700개 이상의 매장을 운영 중에 있으며 2년 연속 20%의 신장률을 기록했다. 2014년 매출은 2250억 엔(2조 1000억 원)에 이르렀으며, 앞으로의 성장이 더 기대되는 회사이다.

무인양품 타오위안점

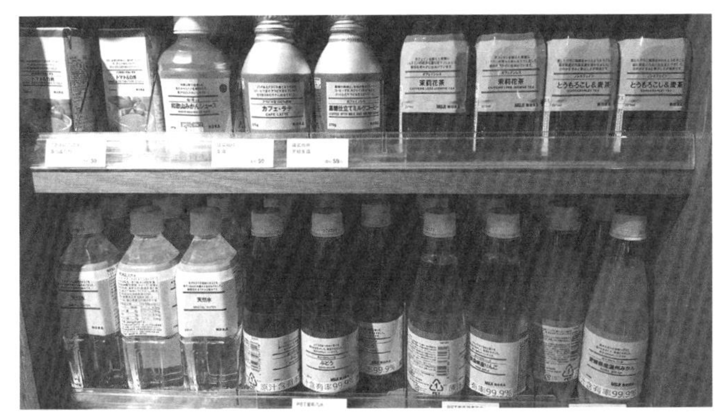

무인양품 내의 식료품 코너

무인양품 리빙 퍼니쳐 코너

5

그렇다. 창의성이다!

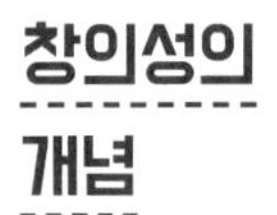

삼성경제연구소는 창의성에 대해 '조직구성원이 만들어 내는 새롭고 유용한 아이디어, 제품, 프로세스'라고 하면서 창의성을 창의적 성과나 산출물과 동등하게 보았다.[16]

그러나 창의성을 사고의 융통성과 유연성을 포함하는 능력으로 정의하는 견해도 있다. 이는 성과 자체에 국한되지 않고 문제 해결의 과정에서 새로운 시각으로 문제를 해결하려는 능력을 창의성으로 보고 있는 것이다.[17]

그래서 필자는 창의성에 대한 여러 견해를 바탕으로 창의성을 다음과 같이 정의하고자 한다. 창의성은 개인이나 집단이 만들어 내는 새로운 아이디어, 제품, 프로세스 그리고 이런 성과물을 만들기 위해 새롭게 접근하는 능력이다.

16 진현 외, 「기업 내의 조직 창의성 모델」, SERI 연구보고서, 2012년 11월.

17 이덕로·김태열, 「직무특성이 개인 창의성에 미치는 영향」, 경영학 연구, 2008.

창의적인 성격

창의성은 개인의 성격에 의해 영향을 받는다. 그렇다면 창의적인 사람이란 어떤 성격인지 궁금하지 않은가? 창의적인 사람에게서 나타나는 가장 공통적 성격은 개방적이며 모호함도 견디고 받아들이는 것이라고 한다.

그런데 조직에서 의외로 모호함을 잘 견디지 못하는 사람들을 쉽게 볼 수 있다. A씨는 새로운 일을 맡기면 그 일의 틀과 방향성 그리고 방법을 찾아내는 데 주저한다. 매뉴얼화 되어 있지 않은 새로운 업무 내용에 대해 불안함을 느끼는지, 어떻게 하면 좋은지 자꾸 물어댄다. 기존에 없던 컨텐츠나 프레임을 만드는 부분에서는 부족함을 느낀다. 반면 반복업무는 정확하게 처리하고 또 부지런하며 조직생활도 원만하게 하고 있다. 리더가 업무처리 방법을 알려주기만 하면 실수 없이 그대로 한다. 정확한 수치의 보고서를 만들어 내기도 한다. 아마도 A씨는 정해진 근무시간보다 더 많이 야근할 것이며, 한 직장에서 장기 근속할 가능성이 높다. 여가도 가까운 사람과 익숙한 곳에서 술을 마시고 영화를 보거나, 평소 즐거운 운동을 반복적으로 해왔다. 새로운 맛집을 일부러 찾아간다거나, 해외여행을 즐긴다거나, 아니면 익스트림 스포츠나 공연, 전시에 열광하는 쪽은 아니다.

반대로 B씨는 새것을 즐기고, 새로운 경험을 찾는 데 주저함이 없다. 다양한 분야에 취미를 갖고 남녀노소 가리지 않고 만나 대화를 한다.

자기 확신대로 일을 밀어붙이기도 하고 회사에서 전례가 없는 신사업 도전도 두려워하지 않고 접근 방법을 찾아낸다. 여가 시간에는 국내외를 가리지 않고 변화하는 세계를 직접 느끼고, 끝내주는 맛집도 잘 안다. 그는 단순반복적인 업무를 지겨워하며, 본인 스스로 새로운 도전으로 성장하는 것을 즐긴다.

노벨상 수상자들 100명을 인터뷰해보니 이들은 창의성에 도움이 되었던 것들을 다음과 같이 밝혔다. 인간관계, 가족, 자발적 동기, 사회에 대한 관심, 독립성, 교육, 탁월성, 균형감각, 책임감, 호기심, 철저한 지식의 준비, 다양한 흥미, 개방성, 용기, 혼자만의 시간, 성실함 등이었다.[18]

결론부터 말하면 대체로 창의적인 사람은 자신감의 바탕 위에 개방적이고 모호함도 받아들이며 위험을 감수하고 열정과 호기심을 가진 상상력 있는 사람이다.

창의성에 관련된 성격의 연구에 대해 다음과 같이 키워드별로 정리해 보았다.

〈데이비스(Davis, 1990)**의 연구〉**

- 새로움에 대한 자각
- 독창성
- 독립적
- 위험감수

18 최인수, 「창의성을 이해하기 위한 여섯 가지 질문」, 한국심리학회지, 1988.

• 활동적
• 호기심 많은
• 유머 감각
• 복잡성에 끌림
• 공상 능력, 상상력
• 예술적
• 개방적
• 혼자만의 시간 필요
• 직관적
• 감정표현
• 윤리적

〈스텐버그(Sternberg, 1999)**의 연구〉**

• 모호성 수용
• 위험감수
• 결과에 대한 동기
• 인내심
• 자존감
• 새로운 경험에 대한 개방성

〈콩띠와 아마빌(Conti&Amabile, 1999)**의 연구〉**

• 일에 대한 강도 높은 자기 수련
• 현재의 만족에 안주하지 않음
• 불굴의 의지
• 독자적 판단

- 높은 자율성
- 자기 통제
- 위험감수
- 최고의 열정

창의성의 유전성

창의성이 화제다. 인공지능이 일자리를 위협하는 4차 산업혁명 때문이다. 인공지능이 더 잘하는 일은 필연적으로 인공지능에 빼앗길 것이다. 체스와 바둑에서 인간이 패배하고 나자 기계가 하지 못하는 '창의적인' 일이 더 주목받게 되었다.

요사이 나오는 창의력 관련 이슈 중 가장 중요한 것은 '창의성은 훈련 가능한가, 훈련 가능하다면 어떻게 키울 수 있는가?'이다.

한 집안에서 같은 직업을 가진 사람이 여러 명 탄생하는 경우는 주변에서 심심치 않게 볼 수 있는 현상이다. 미술처럼 창의성을 요하는 분야에서 특히 두드러진다. 이는 선천적 유전자의 영향일까, 아니면 후천적 교육이나 양육환경의 반영일까?

최근 「행동유전학(Behavioural Genetics)저널」에 다음과 같은 내용의 논문이 실렸다.

영국 옥스퍼드 대학교와 네덜란드 자유대학교 연구팀은 네덜란드의 쌍둥이 출생 기록부를 분석했다. 유전자 연구를 통해 창의성을 발현하는 요인이 DNA 안에 들어있는지 확인하는 실험을 진행한 것이다. 이 자료에는 동일한 유전자를 공유하는 1800쌍의 일란성 쌍둥이와 유전자의 50%를 공유하는 이란성 쌍둥이 1600쌍의 데이터가 담겨있었다.

해당 기록부는 쌍둥이의 직업정보도 포함하고 있었다. 그중에 예술 분야(춤, 영화, 음악, 연극, 시각예술, 글쓰기)의 종사자는 총 233명이었다. 연구팀의 주요한 질문은 "쌍둥이 중 한 명이 예술 분야 종사자일 때 나머지 한 명도 같은 분야에서 일하고 있을까?" 였다. 만약 일란성 쌍둥이와 이란성 쌍둥이가 서로 구별되는 차이점을 보이지 않는다면 형제간의 직업적 유사성은 선천적인 영역이기보다 교육에 의한 후천적 영향으로 해석할 수 있게 된다.

데이터 분석 결과, 일란성 쌍둥이는 이란성 쌍둥이보다 직업적 유사도가 높았다. 일란성 쌍둥이 중 한 명이 창의성이 필요한 예술 등의 직업군에 속했을 때 나머지 한 명도 동일직업군에 속할 확률은 68%였다. 이란성 쌍둥이는 동일직업군에 속할 확률이 40%로 더 낮았다.

연구팀에 따르면 창조적인 직종의 유전력은 70% 정도로 유전자는 창의성을 요하는 직업의 선택에 영향이 크다. 유전력의 영향이 70%에 달할 정도로 창의성은 선천적으로 타고나는 부분이 크지만, 성격이나 환경적 요인 등 다른 요건들도 영향을 미치고 있다는 의미이기도 하다.

창의성의 훈련 가능성

창의성은 크게 두 가지 범주로 나뉜다. 하나는 스스로 창의적인 삶을 추구하는 케이스이다. 이들은 개방적이고 외향적인 성향을 가진 사람에게서 두드러진다. 또 한 가지는 실질적으로 창의적인 능력을 가진 케이스로, 이는 테스트를 통해 객관적인 검증이 가능한 부분이다.

다행히도 많은 이론가들은 창의적 사고는 배우고 가르칠 수 있다는 데 동의하고 있으며, 창의력 계발의 긍정적 결과도 많이 보고되었다. 『생존의 W 이론』, 『신창조론』의 저자인 이면우 교수(전 서울대학교 공학연구소장)는 지능발달이 마무리되는 유아기부터 10년 정도 꾸준히 창의성 훈련을 할 것을 권했다. 쉽게 시작할 수 있는 것은 전시회, 음악회, 체육대회, 축제, 여행, 가족행사 등에 노출시키는 것이다. 노출이 반복되면 관심으로 발전하고, 이 과정에서 부모의 적절한 피드백이 중요하다.

그런데 인간의 창의성이 아동기 정도에 완성되어 버린다고 한다면, 그 이상 연령대의 인간은 창의적 훈련의 노력을 안 해도 된다는 말인가? 미국의 정신의학자 앨버트 로센버그는 평생에 걸쳐 인간의 창조성에 대해 연구했다. 그리고 인간은 두 가지 이상 별개의 개념을 합쳐서 전혀 새로운 '호모스페이셜(homospatial)'한 사고가 가능함을 밝혔다.

파블로 피카소도 처음부터 개성이 넘치는 창작물을 쏟아냈던 것은 아니다. 파블로 피카소가 1901년 19살의 나이에 첫 전시회를 열었을 때, 그의 작품은 모작 종합세트에 가까웠다. 전시회를 위해 3개월간 60점이 넘는 그림을 그렸지만, 고야나 벨라스케스나, 엘 그레코를 베껴서 독창성이 없는 것이었다.

피카소는 왜 그토록 다른 작가의 그림을 베꼈을까? 그는 모방의 시간이 필요했던 것이다. 다양한 작가의 그림 스타일을 베끼고 소화해서 자신만의 화풍을 만들었다. 피카소는 선배 대가들의 기술을 훔친 다음에야 비로소 자신만의 창의력을 발휘할 수 있었던 것이다. 이후 그는 입체주의 미술양식을 창조하였고 「게르니카」, 「아비뇽의 처녀들」을 선보이며 20세기 최고의 거장이 되었다.

최근에 출판된 『오리지널(Adam Grant, 2016)』이라는 책에서도 퍼스트 무버(First Mover)의 불이익을 언급하면서 후발주자의 성실한 노력이 퍼스트 무버의 제품 서비스를 업그레이드할 수 있음을 시사했다.

창의력은 주변에 대한 호기심에서 출발한다. 한번 느낀 호기심이 쉽게 기존의 답으로 만족되면 그만이지만, 쉬이 만족되지 않을 때는 온갖 상상, 공상과 더불어 창의적 사고의 발동이 걸린다. 창의력은 문제해결능력과 관련된다. 그리고 문제라는 것은 호기심을 불러일으킨다. 호기심 없이 만사가 '당연한' 사람은 창의력과 무관하다. 또한, 만사를 당연한 것, 그런 것, 그래야 할 것으로 받아들이기를 강요하는 사회 환경도 창의력과는 동떨어진 환경이다. '회의'도 호기심의 일종이다. '이상하다. 그렇지 않은데?' 하는 회의는 부정적 호기심인 셈이다.

모든 아이는 풍부한 호기심을 가지고 태어난다. 인간만의 크고 복잡한 대뇌피질은 자신을 성숙시키려는 호기심의 근원인가 보다. 어떻게 하면 성장 과정에서 호기심을 북돋을 것인가, 풍부한 문화적 자극으로 더 왕성하게 할 수 있느냐가 중요하다. 이것이 쉬운 일이 아니다. 왜냐면 인간은 '사회화' 과정을 통해 기존의 관습과 사상 문화를 당연시 받아들이고 그 틀을 학습화, 습관화하기 때문이다. 사회화 과정이 인간이 필연적으로 거쳐야 할 과정이라고 한다면, 그 과정에서 사회, 과정, 환경이 인간의 호기심을 지켜주는지, 그리고 인간 스스로도 호기심을 유지하려고 노력하는지가 중요하다.

❶ 마시멜로 챌린지

TED(Technology, Entertainment, Design)[19]는 미국의 비영리 재단으로 '널리 퍼져야 할 아이디어(Ideas worth spreading)'를 사이트를 통해 공유하고 있다.

수년 전 TED를 통해, 톰 워젝의 '마시멜로 게임'이라는 새로운 강의

19 www.ted.com

를 접했다. 실제 이 게임을 워크숍이나 강의를 통해 참가자들과 진행해 보았다. 이 게임은 10인 이내의 그룹을 나누어 각 그룹에 다음의 재료를 배부한다.

〈준비물〉

스파게티면 20가닥, 마시멜로 1개, 테이프 (1M), 실 (1M)

그리고 15분의 시간을 주고 15분 이내에 스파게티로 탑을 쌓고 탑 꼭대기 위에 마시멜로를 올리는데 가장 높이 쌓은 팀이 승리하는 것이다.

내가 만난 대부분의 그룹들은 10분 넘게 이야기만 나누다가 아주 낮은 탑조차도 쌓지 못했다. 그래서 거의 30cm 정도만 탑을 쌓아도 성공하고 그 그룹 구성원들은 상품을 받았다.

마시멜로의 무게가 있기 때문에 탑을 쌓을 때 이를 버틸 수 있을 정도의 설계가 필요한데, 이 게임의 아이러니는 지나치게 높이 쌓는 데 집중한 나머지 전혀 아무것도 쌓지 못한다는 것이다.

그리고 낮게라도 쌓아 성공 경험을 해야 하는데, 그것조차 하지 못한 채 제한 시간을 초과하게 되는 것이다.

그래서 이 게임을 해보면서 우리 청년들이 자신들의 작은 프로토타입(원형, 샘플)을 만드는 것을 너무 두려워하는 것을 느꼈다. 높은 성공, 빛나는 성공을 위해 작은 시도나 작은 성과를 내는 것을 시작하지 못하는 게 안타까웠다.

이 마시멜로 챌린지는 디자인씽킹[20]과 연결되는 부분이 있다. 그것은 '신속하게 프로토타입을 만들라'는 메시지이다. 너무 생각만 하지 말고 뭐라도, 작은 것이라도 시도해보자.

20 스탠포드.D.스쿨을 통해 널리 알려진 혁신적 디자인을 만들어 내는 프로세스

❷ 카를 던커 VS 토니 맥카프리의 양초 실험

1930년대에 독일의 심리학자인 카를 던커란 사람은 한 실험을 진행했다. 실험참가자들에게 양초와 압정 1박스, 그리고 성냥갑을 각각 나눠 주고 양초를 벽에 부착하여 불을 붙여보라고 하였다. 동시에 그는 참가자들에게 촛농을 바닥에 떨어뜨리지 말 것을 주문했다.

자, 이 문제를 당신이라면 어떻게 풀 것인가? 당신의 해답을 적어보길 바란다.

이는 참가자들이 풀기 어려운 문제였는데, 정답은 먼저 압정 박스에서 압정을 모두 비워낸 후부터 시작한다. 그 이후 양초에 불을 붙여 빈 압정 박스에 촛농으로 고정하고 박스는 압정으로 벽에 부착시키면 된다. 그러면 압정 박스가 촛대 역할을 해서 양초를 지탱하고 떨어지는 촛농도 받아주는 역할을 한다.

그런데 대부분의 사람은 어떤가? 압정이 담긴 상자를 비우고 그것을 이용할 생각을 못 한다. 그것은 압정 박스는 '압정을 담는 것'이라고 생각하기 때문이다. 이런 심리적 편향을 기능적 고착이라고 한다.

기능적 고착(Functional fixedness)

- 어떤 물체를 가장 많이 쓰는 용도로만 인식하는 경향

  예) 흔히 상자는 물건을 담는 용도로 쓴다고 생각하지만, 양초를 벽에 고정시킬 때도 쓴다는 생각은 하지 못한다.

유사하게 맥 카프리가 한 양초 실험도 있다. 맥 카프리는 참가자들에게 양초 하나와 금속블럭 두 개를 주고 이 둘을 연결해 보라고 했다.

참가자들은 이 문제를 매우 어려워했다. 정답은 의외로 간단한데, 양초에서 심지를 분리하여 이 심지로 금속블럭을 연결하면 된다. 그런데 양초가 심지와 밀랍으로 이루어진 것을 보지 못하고 '양초'라는 개념에만 갇힌다면 주어진 문제를 풀 수 없게 된다.

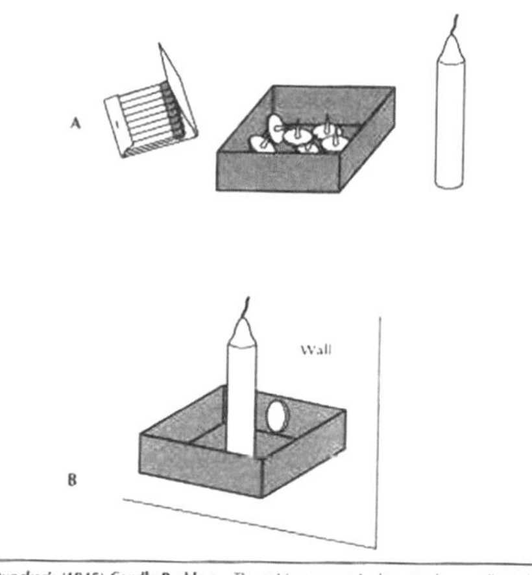

Duncker's (1945) Candle Problem The subjects are asked to attach a candle to the wall and are given a box of tacks, candles, and matches, as shown in panel A. The solution is shown in panel B.

▲ 그림 출처: 위키피디아

이런 기능적 고착을 벗어나기 위해 수강생들과 사물의 다른 용도를 생각해보는 놀이를 많이 진행했다.

예를 들어 주변에서 흔히 볼 수 있는 종이컵이나 볼펜 등의 다른 용도를 10가지 정도 생각해서 발표해 보게 하는 것이다. 또는, 볼펜을 분해해서 볼펜 속에 들어있는 잉크나 심지, 스프링 상자 등으로 나누어서 살펴보고 각각의 것의 재질이나 색상을 대체하는 아이디어를 내보기도 한다. 쉽게 할 수 있지만 이런 작은 놀이가 신제품을 만들어내기도 한다.

❸ 창의적 역발상

1991년 가을, 일본 아오모리현은 태풍으로 인해 사과가 90%나 낙과하는 손실을 입었다. 애써 재배한 사과의 대부분을 팔 수 없게 되자, 사과를 재배하던 농민들은 슬픔에 빠져 절망했다. 그러나 다르게 생각한 농민이 있었다. 그는 아직 사과나무에 매달려 있는 10%의 사과에 주목했다. 그 농부는 수험생에게 '태풍에도 떨어지지 않은 합격사과'라는 브랜드를 만들어 오히려 더 많은 돈을 벌게 되었다.

2006년 독일 월드컵 결승전은 지네딘 지단의 '박치기 사건'으로 널리 알려져 있다. 프랑스의 공격수인 지네딘 지단이 이탈리아 대표팀 마르코 마테라치의 가슴을 머리로 들이받아 퇴장당하는 사건이 벌어진 것이다. 경기장을 빠져나간 지단은 분을 이기지 못하고 라커룸을 발로 차서 '비신사적인 행동'을 비난받은 바 있다. 라이프치 축구장 측은 파손된 라커룸을 수리하려다 생각을 바꾸어 오히려 명소화를 시도했다.

축구장 측은 지단이 발로 찬 부분에 금테를 두른 다음 11유로의 입장료를 받고 라커룸을 일반에 공개했다. 결과는 대성공으로 '역사적 사건'을 직접 보고 싶은 축구 팬들이 축구장으로 몰려들었다. 파손된 라커룸이 관광상품이 될 수 있다는 라이프치 축구장의 역발상이 빛을 본 것이다.

국내 사례도 있다. 2005년 부산에서 열린 APEC 정상회담에 참가한 정상들에게는 의전 차량이 제공되었다. 정상회담이 끝나고 한 자동차 회사는 이 차량을 중고차라고 생각하고 렌터카 회사에 헐값에 팔았다. 그러나 또 다른 자동차 회사는 이 의전 차량은 국내외 정상들이 탄 명품 차라고 생각했다. 그래서 한정판의 배지를 트렁크에 부착하고 정상들의 사인을 받아 차량 구매자에게 전달하는 서비스를 하기로 했다. 그 결과 2억 원이 넘는 고가의 자동차 150대가 단 4시간 만에 모두 팔렸다.

좋은 점과 나쁜 점은 동전의 양면과 같다. 집을 사고파는 몇 번의 과정을 통해 알게 되었다. 아파트의 경우 저층에 있는 세대는 나무를 정원수처럼 쓸 수도 있고, 엘리베이터를 이용하지 않아도 쉽게 입출입이 가능하다. 상대적으로 평수 대비 매매가도 저렴하다.

고층에 있는 아파트는 전망이나 채광에 상대적으로 유리하지만, 화재 같은 위급 상황 발생 시 어쩌나 불안하기도 하고, 태풍이 불 때는 바람에 더 세게 느껴지기도 한다. 그리고 엘리베이터 점검이라도 하는 날이면, 걷고 또 걸어 올라가야 한다. 물론 구입 시 저층보다 더 높은 가격을 지불해야 한다.

사람도 마찬가지다. 어떤 사람은 급한 성격을 지녔지만, 반면 그런 성격이 추진력이라는 장점이 되기도 한다. 굼뜬 성격은 신중함 꼼꼼함이라는 장점을 가진 것이다.

헬렌 켈러는 “하나의 문이 닫히면 다른 문이 열린다. 하지만 우리는 닫힌 문만 열심히 쳐다볼 뿐, 우리에게 열려있는 다른 문은 보지 않는다.”라고 했다. 지금 당신은 어떤 문을 바라보고 있는가? 우리에게 열려있는 다른 문에 집중하자.

어떤 상황에서도 자신이 가진 강점에 집중하는 것, 이것이 바로 현대판 ‘호랑이굴에 들어가도 정신만 차리면 산다.’이다.

비즈니스 스토리텔링 3. 토요코인

토요코인은 일본을 대표하는 비즈니스호텔 체인이다. 전 세계에 1045만여 개의 객실을 만드는 것을 창업 이래의 비전으로 갖고 있다. 토요코란 호텔 이름은 바로 1045에서 10, 4, 5를 일본어로 읽은 것이다.

나는 토요코인 회원으로 한국과 일본 등지에서 숙박이 필요할 때 토요코인을 우선 이용한다. 내가 토요코인을 즐겨 찾는 이유는 합리적인 가격에 침구류나 방의 청결 상태, 그리고 맛깔난 조식 때문이다. 토요코인은 군더더기 없이 필요한 것은 꼭 갖추어 여행과 비즈니스의 피로를 줄여준달까, 뭐 그런 느낌이다.

토요코인은 인사채용에 특징이 있다. 호텔 지배인을 포함해 직원 97%가 여성이다. 토요코인은 육아에서 어느 정도 해방된 40세 전후의 가정주부를 발탁해 지배인을 맡긴다. 니시다 노리마사는 일반기업이 40세 전후 여성을 다른 회사가 채용하지 않는 것을 보고 오히려 이들에게 주목했다. 소위 말하는 경·단·녀(경력단절여성)에 주목해서, 우수 인재 확보의 기회로 삼았다. 더 놀라운 것은 경·단·녀들 중에서도 일부러 호텔 근무 경험이 없는 아마추어를 뽑는다는 것이다. 아마추어가 더 의욕을 갖고 일할 것이란 판단에서다. 지배인으로 선발되면, 프런트와 청소 업무 등을 짧게 경험한 후 바로 지배인 업무를 시작한다.

남편과 자녀를 뒷바라지하며 가정을 알차게 꾸려온 사람이라면 호텔 지배인 일도 잘해낼 수 있다는 것이 토요코인의 철학이다. 처음부터 여성에게만 지배인을 맡기려 한 것은 아니었다. 토요코인은 창업 초기 1호점엔 여성 지배인을 2호점에는 남성 지배인을 두었다. 하지만 2호점의 객실 가동률이 1호점에 비해 현격히 떨어졌고, 원인을 살펴보던 창업자는 여성 특유의 섬세함과 상냥함이 경쟁력의 원천이라고 결론 내렸다. 이후 그는 "살림 경험이 풍부한 주부에게 호텔을 맡기자."라고 결심했다. 토요코인의 현장 직원은 대부분 여성이다. 2012년 CEO에 오른 40대 주부 구로다 마이코를 포함, 호텔 임원의 여성 비율도 97%에 달한다. 일본계 다른 호텔의 여성 임원 비율 7%인 것과 비교해 볼 때 토요코인의 성비는 거꾸로이다.

여성적 섬세함과 배려로 토요코인은 아침마다 된장국과 오니기리, 그리고 나물 같은 밑반찬을 차려낸다. 이것은 다른 호텔 조식보다 소박하다. 그러나 다른 호텔 조식이 본전 생각에 과식하게 되는 불편함을 불러온다면, 토요코인은 집밥 먹고 난 후의 든든함을 준다.

고객 배려 사례는 또 있다. 최근에 일본 기타큐슈의 토요코인을 이용하면서 발견한 것은 엘리베이터 안팎에서 볼 수 있는 정전기 방지 패드였다. 엘리베이터 목적 층의 버튼을 누르기 전에 이 패드에 먼저 터치하면 정전기의 불쾌함을 느끼지 않아도 된다. 또, 한국이나 일본이나 객실마다 비치한 서너 권의 책 이야기도 빼놓을 수 없을 것 같다. 토요코인 각 객실에는 성서나 불교 경전, 그리고 수필 같은 책들이 나라별 특성에 맞게 비치되어있다. 비록 내가 그 책을 읽은 적은 없지만 그런 마음 씀씀이를 고객은 느낄 수가 있는 것이다. 이런 노력에 힘입어 토요코인은

2016년 5월 2일~3일에 걸쳐 한국·일본 전 객실 24시간 만실을 이루어 기네스북에 등재되었다.

한국 내 토요코인 지점도 7개로 늘었고 최근에 울란바토르나 프놈펜에도 토요코인이 오픈했다던데, 아마 나는 앞으로도 계속 여행할 때 토요코인을 가장 먼저 검색하게 될 것 같다.

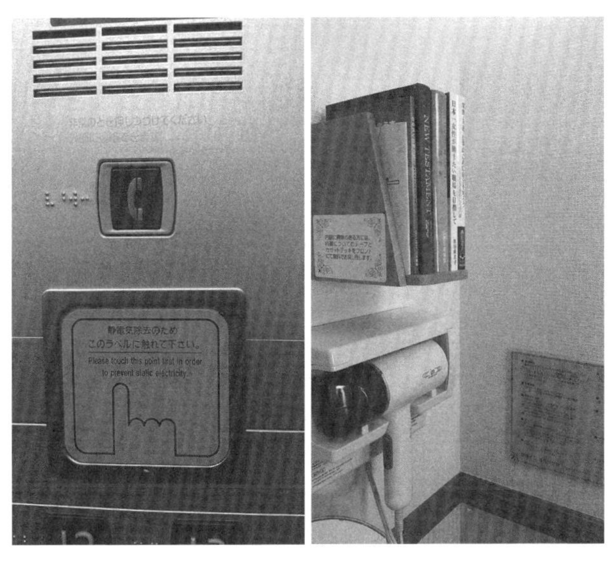

토요코인 엘리베이터 내 정전기 방지 패드(좌)와 객실 내 도서(우)

❹ 브레인스워밍(Brainsworming)

2015년 12월 토니 맥카프니는 하버드 비즈니스리뷰에 '혁신을 가장 기대하기 어려운 곳에서 혁신을 찾아라.'라는 글을 기고했다. 브레인스워밍은 이때 소개된 기법이다.

브레인스토밍(Brainstorming, 일정한 테마에 관하여 구성원의 자유발언을 통해 다량의 아이디어를 내는 방법)보다 더 효과적인 아이디어 촉진법이다. 이 기법을 진행하다 보면, 벌레(worm) 모양과 비슷하게 진행된다.

이 방법의 핵심은 목표(이상)를 위해 현재 내가 가지고 있는 자원(현실, 강점)에서 출발하는 것이다. 앞서 창의적 역발상에서 강조한 '어떤 상황에서도 자신이 가진 강점에 집중하는 것'에 일맥상통한 아이디어 기법이다. 그리고 이 방법은 목표와 자원(장점) 쌍방향으로 진행할 수 있다. 목표(이상) 직전 단계는 무엇인지 하향식으로 내려올 수 있고, 내가 가진 자원(현실, 강점)에서 상향식으로 뻗어갈 수 있다.

이 브레인스워밍은 개인이 문제 해결을 위해 사용할 수도 있지만, 기업에서도 정말 유용한 기법이다. 한자리에 모이지 않아도 되니 다국적 기업이나 근무시간이 다른 공장 교대조에서도 함께 작업할 수 있다. 무엇보다 현재 있는 자원에 기반에서 아이디어를 내므로, 실현 가능성이 높다. 나는 한 5~6년 후면 브레인스토밍보다 더 자주 워크샵에서 만날 수 있는 아이디어 촉진 기법이 이 브레인스워밍이 될 것이라고 생각한다.

간단하게 그림으로 나타내면 다음과 같다.

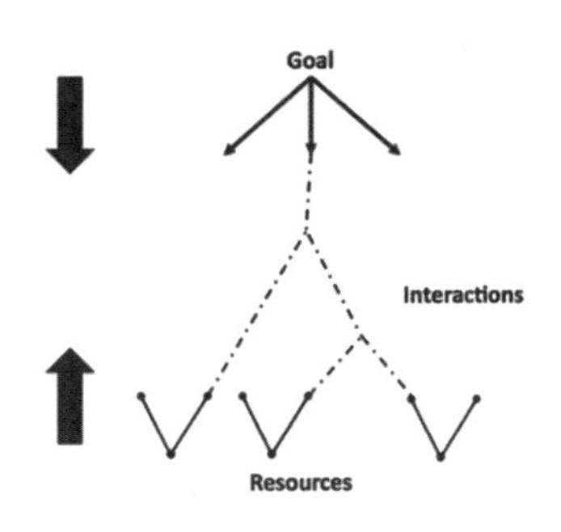

사례를 들어 설명해 보자. 요사이 TV 강의 프로그램이 제법 인기를 끌고 있다. 가령 연봉 1억의 스타강사를 꿈꾸는 사람이 있다고 하자. 그 사람이 현재 가진 것은 아래 그림 하단에서 보듯이 박사를 수료한 학력과 단체후원활동, 약간의 멘토 멘티, 그리고 저술 몇 권과 트렌드 감각이다. 그는 연봉 1억 스타강사의 전 단계로 고정 강의처 10곳과 유니크한 강의 스타일을 갖추는 것으로 설정했다. 목표에서 그 전 단계로 내려오다가 현재 가진 자원에서 목표를 향해 생각을 진전시켜 [그림5-1]을 얻었다. 시간이 날 때마다 생각을 더 진전시켜 보다 구체적이고 정교한 브레인스워밍을 얻을 수도 있다.

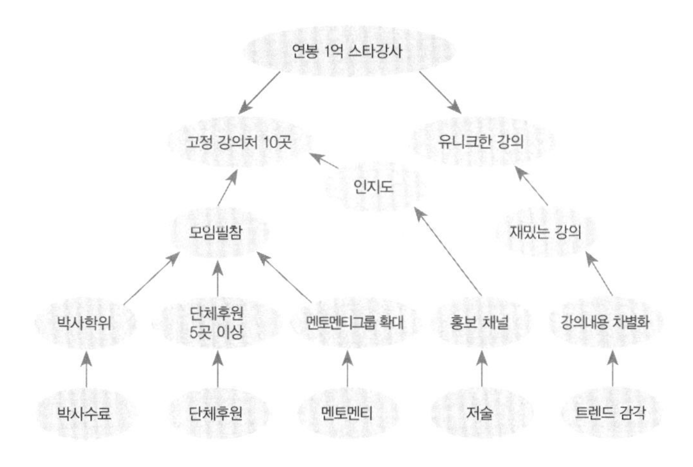

[그림5-1] 연봉 1억 스타강사 브레인 스워밍

정말 이루고 싶은 목표나 사업상 도달하고 싶은 상태가 있는가? 그러면 그 내용을 아래 표의 상단에 적는다. 그리고 현재 가지고 있는 자원, 즉 재정자원이나 시간, 인간관계, 혹은 인간적 강점, 능력, 자격증, 혹은 그밖에 이용할 수 있는 자원을 표의 하단에 나열한다. 그리고 생각날 때마다 상단에 적은 목표와 하단에 적은 현재 자원이 어떻게 만날 수 있는지 생각을 전개해보는 것이다. 당신만의 브레인스워밍을 완성해 보자.

나의 브레인스워밍(Brainsworming)

나의 목표나 성공한 모습을 상부에, 내가 가진 장점(자원)을 하부에 적고 쌍방향 아이디어를 전개하다 보면 목표 달성의 경로가 나온다.

❺ 스캠퍼 기법(Scamper)

스캠퍼 기법은 7개의 질문을 던지고 7개의 답을 찾아낸 뒤 실행 가능한 최적의 대안을 찾는 방법이다.

S(대체하기; Substitute), C(결합; Combine), A(응용; Adapt), M(변형; Modify, 확대; Magnify, 축소; Minify), P(다르게 활용하기; Put to other uses), E(제거; Eliminate), R(뒤집기; Reverse, 재배열; Rearrange)가 그 내용이다. 하나하나 설명해 보면 다음과 같다.

✔ S(대체하기; Substitute)

'A 대신 B를 쓰면 어떨까?'라는 질문에서 출발한다. 기존의 제품이나 서비스에 대해 '다른 무엇으로', '다른 누가', '다른 성분이라면' 등의 질문을 해본다. 나무젓가락을 예를 들어보자. 예전에는 우리가 주변에서 쉽게 찾을 수 있는 나무젓가락을 이용해서 식사를 하였다. 그런데 시대가 변해 나무 소재를 쉽게 찾을 수 없고, 나무젓가락의 형태와 색깔이 쉽게 잘 변하는 문제점이 발생했다. 이 문제를 해결하기 위해 새로운 재질로의 대체를 고민해 볼 수 있다. 젓가락의 나무 소재를 스테인리스로 성분을 바꾸면 단단한 성질에 모양과 색을 일정하게 유지하는 스테인리스 젓가락이 된다.

✔ C(결합; Combine)

'A와 B를 합치면 어떨까?'라는 질문에서 출발한다. 두 가지 이상의 것을 결합해 새로운 것을 만드는 데 유용하다. 스마트폰을 살펴보자.

스마트폰은 전화, 인터넷, 카메라, MP3 등등이 결합하여 태어나는 것이다. 지금 눈앞에 보이는 것들은 무엇인가? 그것들을 2개, 3개 묶으면 새로운 제품이 탄생한다.

✔ A(응용; Adapt)

A의 원리를 B에 응용하면 어떨까? 한식 코스 요릿집을 생각해보자. 우리의 음식은 처음부터 한 상 걸게 차려내는 문화였다. 그러나 요사이는 전식과 메인, 후식 등으로 코스를 나누어 한식을 제공하는 식당이 늘었다. 이것은 양식의 코스요리를 응용해서 만든 서비스이다. 들이나 길가에서 잘 자라는 도꼬마리라는 식물은 전체에 강한 털이 많이 나 있고 가시가 많아 옷에 잘 달라붙는다. 이 식물이 옷에 달라붙는 원리를 이용해서 만든 것이 벨크로이다. 신발이나 옷에 자주 쓰이는 일명 '찍찍이'로 불리는 응용의 산물이다. 그 외에도 상어 지느러미를 응용해서 만든 전신 수영복이 있다.

도꼬마리 식물은 벨크로의 응용원리가 되었다.

✔ M(변형; Modify, 확대; Magnify, 축소; Minify)

어떤 것의 특성이나 모양 등을 변형하거나 확대 또는 축소하여 새로운 것을 생성하는 질문을 던진다. 김밥의 모양을 변형하면 하트 김밥, 삼각 김밥, 김밥을 확대하면 대왕 김밥, 축소하면 꼬마 김밥이 된다.

주변의 많은 제품들이 변형, 확대 축소를 이용해서 출시되었다. 눈을 돌려 찾아보면 쉽게 발견할 수 있을 것이다.

✔ P (다르게 활용하기; Put to other uses)

다른 용도로 사용하면 어떨까? 사물을 기존의 용도와 다르게 사용할 수 있는지 생각해보자. 독일의 프라이탁 형제는 비가 와도 스케치가 젖지 않게 할 만한 튼튼한 메신저 백을 만들기 위해 트럭의 화물덮개에 주목했다. 트럭의 방수천, 자동차의 안전벨트, 폐자전거의 고무 튜브 등은 가방을 만드는 재료로 사용되었다. 5년 이상 사용된 방수천 등 재활용 소재로 만든 이 가방은 수십만 원이라는 높은 가격임

폐방수천으로 만든 프라이탁 가방

에도 환경적 가치와 단 하나밖에 없는 가방이라는 유니크한 매력에 마니아를 형성하며 히트를 했다.

쉽게 지나치는 많은 사물과 서비스를 조금만 다르게 보고, 다른 용도로 활용하다 보면 새로운 제품과 서비스가 탄생한다.

✔ E(제거; Eliminate)

기존에서 무엇인가를 빼기만 해도 새로운 것이 된다는 것은 참 재미있는 일이다. 자동차에서 지붕을 제거한 '오픈카'나 기내식에서 서비스를 간소화한 '저가항공'이 그 예이다. 심지어는 아파트도 마이너스 옵션을 제공한다. 건설사에서는 골조와 외부 미장, 마감공사까지만 한 아파트를 보다 저가에 제공하면서 실내는 마감재와 가구를 소비자가 원하는 취향으로 꾸밀 수 있도록 한다. 이렇게 되면 소비자는 새집을 사서 기존 마감재와 가구를 제거하지 않아도 되니 비용을 절감하고 폐기물을 발생시키지 않으니 환경오염에 대한 부담감도 덜게 된다.

✔ R(뒤집기; Reverse, 재배열; Rearrange)

주어진 것의 순서나 모양, 역할을 바꾸는 것도 새로운 제품과 서비스 개발의 방법이 된다. 주유 서비스를 주유원이 아닌 고객의 역할로 바꾸면서 단가를 낮춘 '셀프 주유소', 김밥의 김을 밥 안으로 뒤집어 넣은 누드 김밥을 보면 쉽게 이해할 수 있을 것이다.

❻ 상황을 좀 더 냉철하게 보고 싶을 때: PMI

상황의 일면만 보지 말고 다각적(좋은 점, 나쁜 점, 흥미로운 점)으로 보는 것이 문제 해결에 도움이 된다. 교육과 정보의 양이 늘어나면서, 우리는 매우 똑똑해졌지만, 중요한 결정은 또 의외로 감정적으로 되기 쉽다.

기업에서는 과거의 데이터를 분석하고, 또 미래에 대한 예측으로 의사결정을 하지만 개인인 우리는 중요한 인생의 결정을 올바르게 내리기가 쉽지 않다. 그럴 때 그 상황 혹은 앞으로 도래할 일에 대해 좋은 점, 안 좋은 점, 흥미로운 점을 중심으로 사고를 하다 보면 의사결정의 효과성이 더 높아진다.

PLUS 좋은 점	
Minus 나쁜 점	
Interesting 흥미로운 점	

❼ TRIZ를 활용한 경영혁신

러시아 학자 겐리히 알츠슐러는 세상을 바꾼 창의적인 아이디어들에 일정한 패턴이 있다고 생각했다. 그래서 그는 1946년부터 17년 동안 러시아 특허 20만 건을 분석하였다. 그 결과, 다양한 분야에서 쏟아져 나온 기술의 밑바탕에 있는 아이디어 패턴이 수십 가지에 불과하다는 사실을 발견했다. 가장 많이 활용된 아이디어 패턴 40개를 뽑아 내 '트리즈(TRIZ, 창의적 문제 해결 방식을 뜻하는 러시아어 약자)' 이론을 정립했다.

국내 주요 대기업들이 이 이론을 신제품 개발과 원가 절감 등에 적극적으로 활용하고 있다.

삼성전자는 LED(발광다이오드) TV의 문제점을 트리즈 툴을 이용해 해결한 바 있다. 삼성전자 연구원들이 TV의 광원(光源)을 형광등의 일종인 CCFL에서 LED 등으로 바꾸자 TV를 오래 보면 눈이 부시는 문제가 발생했다. 며칠간의 밤샘연구 끝에 눈부심 현상의 원인을 찾아 개선했더니 이번에는 화질이 나빠졌다. 눈부심과 화질 사이에서 모순이 생겼는데, 삼성전자는 이 문제를 트리즈의 '분리'라는 원칙으로 접근했다. 눈부심을 유발하는 부분과 화질을 높이는 부분을 분리한 것이다. 삼성이 LED TV에 트리즈를 적용해 얻은 이익이 매년 2000만 달러에 달한다고 한다.

LG전자도 2005년 생산성 연구원 내에 트리즈 전담조직을 설치하였다. 이 조직은 원가를 줄이고 공정을 혁신할 수 있는 프로젝트들을 수행하고 있다. 이 회사는 냉장고 문이 잘 닫히고 밀폐 상태를 유지하기 위해서는 자석이 강해야 하지만, 너무 강하면 문을 여는 것이 불편해지는 딜레마가 있었다. 이 문제에 트리즈의 '비대칭 원리'를 이용해서 자석의 단면을 비대칭형으로 교체하였다. 자석의 전체 면이 아닌 한쪽 부분이 먼저 떨어지도록 고무 자석의 구조를 바꾸자, 밀폐 기능은 그대로 유지하면서 문을 여는 데 필요한 힘은 25%가량 줄었다. 현재 이 회사의 모든 양문형 냉장고에는 비대칭 고무 자석 기술이 쓰인다.

포스코는 철강재 원료를 임시로 보관하는 사일로(저장고)의 낭비 요소를 트리즈의 '중간매개물의 원리'를 활용해 제거했다. 그 저장고 사용의 문제점은 높은 곳에서 원료를 떨어뜨릴 때 발생하는 충격으로 전체 원료의 30%가량이 잘게 부서지는 것이었다. 포스코는 '중간매개물의 원리'를 적용해서, 16개의 사일로 사이를 막고 있는 격판에 구멍을 뚫는 아이디어를 생각해냈다. 이 기술을 통해 원료 손실 비율이 30%에서 10%로 줄이니 연간 62억 5천만 원의 비용을 절감하게 됐다.

현대자동차는 트리즈의 '시간의 분리' 원리를 적용한 가변 압축 엔진을 도입했다. 피스톤이 상하 운동을 할 때 피스톤과 엔진 내부 천장 사이 공간의 크기를 조절할 수 있게 한 것이다. 공간이 크면 연비가 좋아지고, 공간이 작아지면 힘이 각각 좋아진다는 점에 착안해 필요할 때마다 공간의 크기를 조절할 수 있게 하였다. 그러나 이 기술은 개발 단계에서 제동이 걸렸다. 해외에서 이미 특허를 받아 이 기술을 사용하고 있었다. 현대자동차는 트리즈 기법을 다시 적용했다. 엔진에 들어가는 부품 중 일부가 반드시 필요하지 않다고 생각해서 이를 제거하기로 했다. 일부 부품을 빼고 다른 부품으로 대체하는 방법으로 특허의 중복내용을 제거했다. 트리즈의 '자르기' 원리를 적용한 사례다.

이뿐만 아니다. 제과 회사의 조각 케이크, 칸칸이 나뉜 냉동실 얼음 틀, TV홈쇼핑의 할부 프로그램, 여기에도 TRIZ의 '분할'의 원칙이 숨어있다.

제과 회사는 케이크를 작은 조각으로 나눔으로써 케이크가 먹고 싶지만 큰 케이크를 사기에는 부담스러운 사람들을 고객으로 끌어들였다. 냉동실의 얼음 틀도 큰 덩어리의 얼음을 쪼개야 하는 불편함을 덜기 위해 작은 얼음들을 만들 수 있도록 얼음 틀 모양을 바꾼 것이다. 지출 부담을 분할해주는 할부 프로그램도 '나누기'라는 아이디어의 산물이다. 매달 나눠서 돈을 내는 방식이 지갑이 가벼운 소비자들을 흡수하는 데 성공한 것이다.

6

논리가 있어야 창의성이 빛난다

N E X T C A R E E R

문제의 원인 묻고 또 묻기
: 5WHY

대부분의 사람들은 발생한 문제에 대해서 근본적인 원인에 따른 해결책을 찾기보다는 눈에 드러난 문제점과 이에 따른 즉자적 대응을 하기 쉽다.

2015년에 발생한 인천공항 사태를 예를 들어보자. 잇따라 수화물 대란, 외국인 환승객 밀입국 사건 등으로 공항 보안상의 허점과 운영 시스템 미비 등이 지적되었던 경우이다. 이 경우 근본 원인에 대한 고민 없이 1인당 수화물 개수를 제한하고 경비업체를 바꾸는 식으로 문제를 해결한다면 이런 문제는 잘 풀릴 수 있을까?

앞선 질문에 대한 부정의 답을 갖고 문제의 답을 찾기 위해 제시된 것이 5Why인데, 5번 문제의 원인을 물으면 근본 원인에 도달한다는 것이다.

대표적으로 미국 제퍼슨 기념관이 대리석이 부식되는 문제를 해결했던 사례가 있다. 기념관의 대리석 벽이 빨리 부식되어 교체 비용도 발생하고, 미관상 관광객들의 불평도 있었던 그런 문제를 해결하기 위해 다섯 번의 질문을 던졌다.

질문 1) 왜 기념관의 대리석이 빨리 부식될까?

답 1) 비눗물로 바닥을 자주 닦기 때문이다.

질문 2) 왜 바닥을 자주 닦을까?

답 2) 비둘기가 자주 와서 배설물이 많이 떨어지기 때문이다.

질문 3) 비둘기는 왜 그 장소에 자주 올까?

답 3) 비둘기가 좋아하는 거미가 많기 때문이다.

질문 4) 거미는 왜 많을까?

답 4) 거미의 먹이인 나방이 많아서이다.

질문 5) 나방은 왜 많을까?

답 5) 해 질 무렵 기념관 앞에 켜지는 전등 불빛 때문이다.

알고 보니 제퍼슨 기념관 직원들이 퇴근 시간에 야간조명을 켜고 퇴근하다 보니 생긴 일이다. 그 이후 제퍼슨 기념관은 다른 곳보다 전등을 몇 시간 늦게 켜는 해법을 찾았고, 대리석 부식 문제를 해결하는 데 성공했다(요새 같으면 전등 온·오프 정도야 예약 타이머로 조절할 수 있다).

도요타도 이 5why 기법을 문제 해결에 많이 사용했다고 한다. 예를 들어 정상적으로 작동하던 생산 공장에서 기계들이 갑자기 작동을 멈춘 경우, 관리자들이 기계가 멈춘 원인을 찾게 된다. 최초에 공장에서 사용하는 주전원의 과부하로 전원 퓨즈가 끊어졌다고 생각해보자. 관리자는 단지 전원 퓨즈를 교체하는 것으로 문제가 해결되었다고 볼 수도 있다.

그러나 전원 퓨즈 문제에서 한 걸음 더 나가 두 번째 'Why?'라는 질문을 던져본다. "전원에 과부하가 발생하는 이유가 무엇일까?" 하고 말이다. 그 답이 기계 작동을 담당하는 축을 지지하는 베어링이 정상보다 심하게 빽빽해진 것으로 보고 베어링까지 교체했다면 한 걸음 더 나간 것이다.

그러나 베어링이 왜 심하게 빽빽해지는지의 문제를 풀지 못한다면 전원은 불시에 다시 나가고 기계들은 멈출 수 있다.

그러므로 다시 'Why?'라는 질문을 통해, 베어링이 빽빽해진 이유가 베어링에 윤활유를 공급하는 윤활유 펌프가 제대로 작동하지 않았기 때문이라는 사실을 알아낸다면 어떨까? 그리고 또 그 이후로도 반복적으로 why를 제기한다면 근본문제에 더 다가서는 것이다. 윤활유 펌프에 지나치게 많은 이물질이 붙어 있었고, 생산 공장에서 발생하는 먼지를 모으는 집진기가 바로 윤활유 펌프에 근접해서 먼지 유입이 되고 있었다는 것을 찾을 수 있을 것이다.

이렇게 5번의 why를 통해 관리자는 공장 내부의 집진기 위치를 옮길 수 있다. 그러면 윤활유 펌프 이물질 흡착 문제, 윤활유 펌프의 오작동 문제, 베어링이 빽빽해지는 문제, 과부하가 발생하는 모든 문제를 동시에 해결할 수 있다.

그러면 회사의 생산원가 절약에도 도움이 될 것이다. 이전처럼 전원 퓨즈, 베어링, 윤활유 펌프를 계속 구매하지 않아도 되니까 말이다.

다시 인천공항으로 돌아가 일련의 사태에 대해 5why를 적용해보면 어떨까?

질문 1) 왜 인천공항 운영에 자꾸 문제가 생길까?

답 1) 근무인력에 문제가 있기 때문이다.

질문 2) 왜 근무인력에 문제가 생길까?

답 2) 경비보안, 공항운영, 환경미화, 시설유지보수 등 아웃소싱 업무가 고객서비스 핵심인데 그 비율이 85%로 높기 때문이다.

질문 3) 아웃소싱에 어떤 문제가 있는가?

답 3) 아웃소싱 업체가 자주 바뀌어 업체의 노하우도 부족하고 책임 있는 일 처리도 부족하다.

질문 4) 아웃소싱 업체는 왜 자주 바뀌는가?

답 4) 인천공항공사 사장이 자주 바뀌니 관련 업체도 자주 바뀐다.

질문 5) 왜 사장은 자주 바뀌는가?

답 5) 낙하산 인사로 정치권의 바람에 따라 변경이 심하다.
결국, 사장은 전문직으로 재직 중 정치 참여에 제한을 두고 의무근무 기간 미달 시 제재를 가하도록 해야 한다.

고민하는 문제의 근본 원인을 찾아보자. 해결하고 싶은 문제나 상황을 작은 범주로 쪼개서 구체적으로 작성해 보는 문제의 기술부터 시작한다.

문제의 기술
1Why
2Why
3Why
4Why
5Why

MECE
: 중복 없이 누락 없이

MECE(Mutually Exclusive and Collectively Exhaustive의 약자, 상호배제와 전체포괄)는 쉽게 말하면 '중복도 없게 하고 빠뜨리는 것도 없이' 사고하는 것을 말한다. 항목들이 상호 배타적이면서 모였을 때는 완전히 전체를 이루는 것을 의미한다. 영어권에서는 '미씨'라고 읽는다.

먼저 첫걸음으로 1부터 10까지의 자연수를 MECE화 한다고 생각해 보자.

1, 2, 3, 4, 5, 6, 7, 8, 9는 MECE 한가? 그렇지 않다. 10이라는 수가 빠졌으니까.

그렇다면 1, 2, 3, 3, 4, 5, 6, 7, 8, 9, 10은 어떠한가? 이도 MECE 하지 않다. 3이 중복되었으니까 말다.

【 인간의 MECE 】

남성	여성	
남성	**미혼여성**	여성

만약 보편적으로 인간을 MECE로 나눈다고 가정해 보자. 먼저 남성과 여성으로 나눌 수 있다. 결혼 여부에 따라 미혼 여성과 기혼여성으로 나눌 수 있다. 그러나 이 경우 사별한 여성과 이혼경험이 있는 여성 등이 양 범주로 중복될 수도 있고 누락될 수도 있으므로 아래와 같이 결혼 경험이 없는 미혼여성과 결혼 경험이 있는 여성을 일반여성으로 MECE화 할 수 있다.

그러나 남성, 여성이라는 이분법적 규정 외에 자신의 성 정체성에 대해 다르게 인식하는 사람이 있을 수 있다면 위도 좋은 MECE가 아닐 수도 있다.

이 MECE는 세계적인 경영 컨설팅 그룹인 맥킨지사에서도 많이 사용하는 문제현상을 분석하고 해결법을 찾는 데 유용하다.

이는 직장 내에서 보고서를 쓰거나 현업에서 여러 가지 현상들을 빠짐없이 깔끔하게 정리하는 데 도움이 된다.

예를 들어, C 음식점의 매출 감소 원인에 대해서도 그 해결책에 대해서도 MECE적 사고로 생각해볼 수 있다. 크랩 요리를 취급하는 'C' 매장, 영업환경이 좋은 특수환경에 입점했음에도 불구하고 오픈 6개월이 지나도록 적자를 면하지 못하고 있다. 그 원인을 다음과 같이 MECE화 해볼 수 있다.

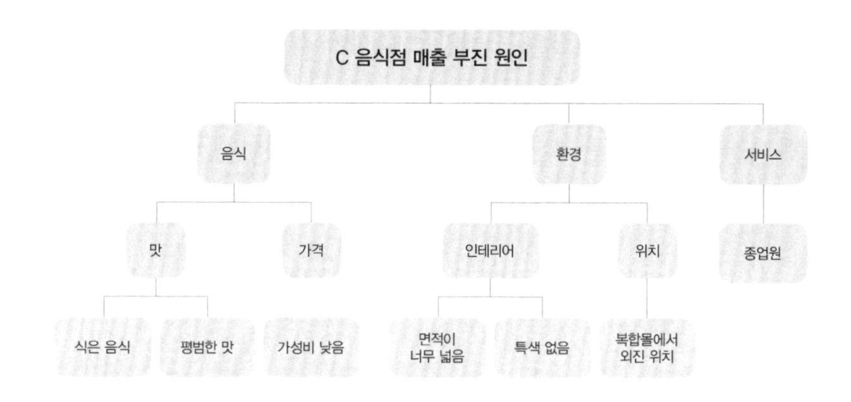

[그림6-1] MECE와 로직트리를 활용한 C 음식점 매출부진 원인

위의 경우에서 음식이 매출 부진의 주요 원인이라고 생각한다면 그 부분에 대해 다음과 같이 MECE를 더 진전시켜 볼 수도 있다.

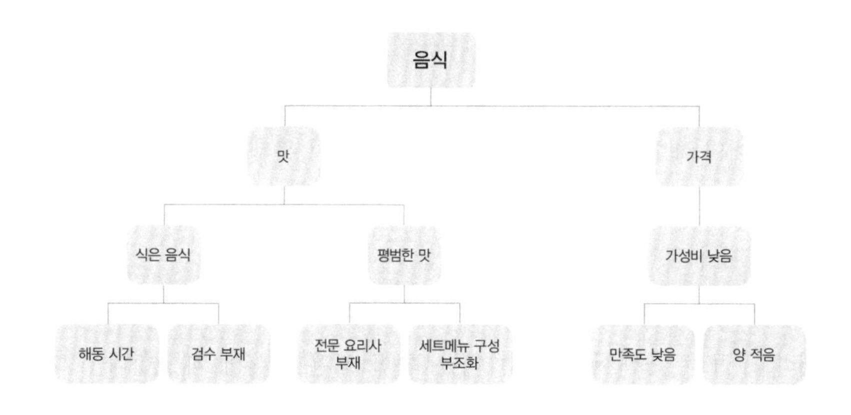

[그림6-2] C 음식점 매출 부진 원인의 심화탐색

C 음식점의 매출 하락의 주원인은 음식이 식은 상태로 제공되거나, 평범한 맛으로 고객을 특별히 유인할 매력이 없어 보인다. 음식이 왜 식은 상태로 제공되는지 평범한 맛의 원인은 무엇인지 더 고민해서 이런 문제를 해결한다면 매출 부진을 해결할 수도 있을 것이다.

로직트리와 So what(그래서 뭐?)

앞의 C 음식점 매출 부진 원인과 관련된 표는 '중복도 없게 하고 빠뜨리는 것도 없이'하는 MECE라는 사고의 틀을 로직트리로 나타낸 것이다. '맥킨지사'에서 시작되어 널리 사용되고 있는 아래와 같은 기법은 로직트리(생각정리나무)라고 한다. 매출 부진의 원인이 무엇이냐는 질문에 대하여 음식, 환경, 서비스 때문이라는 결론으로 답하고 그 이유로 음식에 대해서는 맛과 가격, 환경에 대해서는 인테리어와 위치, 서비스에 대해서는 종업원의 문제를 들고 있다.

MECE와 로직트리를 문제의 원인 (Why So)과 해결책 (So What)으로 간략하게 구조화해보면 다음과 같다. 아래에서 So What은 '그래서 어쩌라고, 또는 그래서 이렇다.' 하는 종합 혹은 결론에 해당한다. 그리고 Why So는 왜 그런지 이유를 나타내는 것이다. 이 과정에 MECE 원칙에 입각해 중복 없이 누락 없이 생각을 정리한다.

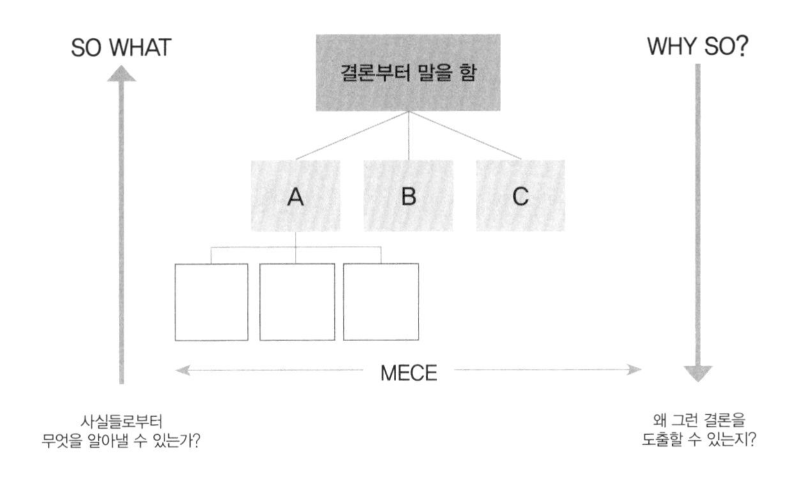

[그림6-3] MECE와 로직트리를 활용한 문제의 원인과 해결책

로직트리란 문제 구조 파악의 기법으로 주요과제를 문제(Issue)–원인–해결책의 단계로 나누어 마치 나뭇가지가 뻗어 나가듯 정리하는 기술이다. 즉, 현상을 포함한 문제(큰 문제)를 그 문제에 연결된 몇 개의 요인으로 상세하게(작은 문제) 분해하기 위한 사고의 틀이다. 전체 과제를 명확히 하고 단계별로 분해하는 가지의 수준을 맞추어 원인이 중복되거나 누락되지 않고 각각의 합이 전체를 포함해야 한다. 나무처럼 길게 뿌리를 뻗어 논리적으로 사고한다고 하여 로직트리라 한다. 최초 질문(예: 매출 부진의 원인은 무엇인가, 또는 살을 어떻게 뺄 것인가?)이 있어야 논리적인 사고가 가능하다고 하고, 이 질문(이슈)이 있어야 사용하게 된다고 하여 이슈트리라고도 한다. 예를 들어 살을 빼는 과제를 가지고 다음과 같이 로직트리를 만들어 볼 수 있다.

그런데 앞서 말한 문제의 원인을 탐색하는 과정이나, MECE, 로직트리는 향후 어떻게 할 것인지 So What(그래서 뭐?)을 찾는 과정이다.

예를 들어 국내 자동차 시장에 대해 MECE의 사고의 틀과 로직트리라는 분석의 틀을 써서 상황을 분석했다고 하자. 판매점유율의 감소, 해외 자동차 시장 판매점유율 역시 감소, 공격적 경영으로 실적 증가세 전환이라는 사실에 대해서 그래서 이후 나는 어떤 액션을 취할 것인지 결정을 해야 한다.

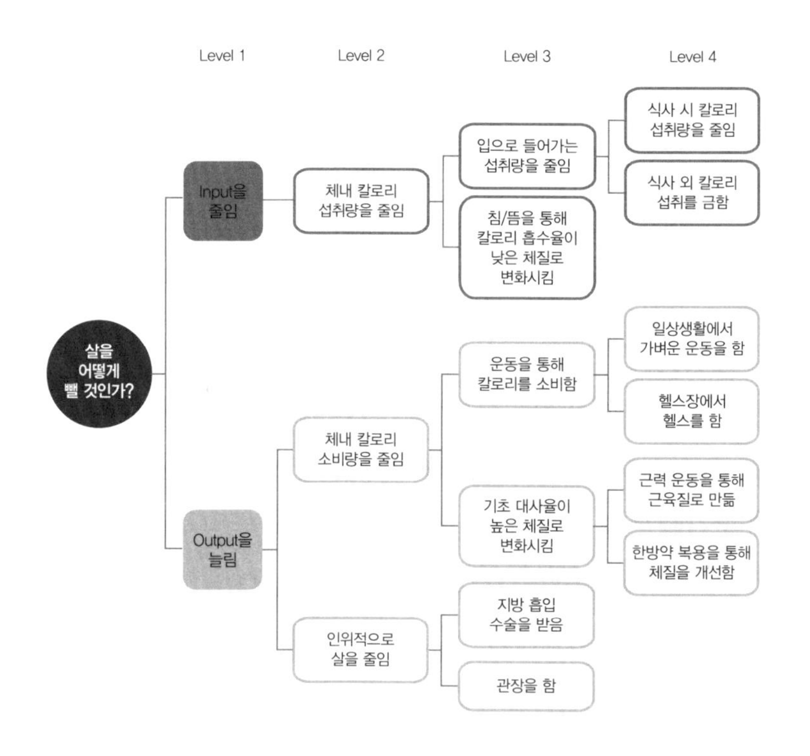

[그림6-4] 로직트리로 펼쳐본 살 빼는 방법

만약 주식을 매수할 것인지 여부를 판단한다면, 지금은 자동차제조업이 불황이니 관련 주식을 매수하여야 한다고 판단할 수도 있다. 또 한편으로는 주가가 시장 상황을 반영하여 최저가로 형성되었다고, 이것이 오히려 기회가 될 수 있다는 판단이 든다면 자동차제조업 관련 주식을 매수하여야 한다는 판단을 할 수도 있다.

결국, 문제의 원인탐색은 해결책을 도출하기 위한 것이다. 자신이 지금 회사를 그만둘지, 어떤 경력을 쌓아야 할지, A라는 자격증을 따면 좋을지 어떨지 좀 더 치밀하게 분석해 보자. 직장에 다니면서 분석적 작업을 많이 경험한 사람이나, 문제해결능력에 대해 훈련을 한 사람이라 하더라도 자신의 인생의 중요한 문제에 대해서는 느낌이나 막연한 생각으로 판단하는 경우가 많다. 이 사람 만나서 이 말 듣고 혹하고, 저 사람 만나서 저 말 듣고 흔들리지 말자. 차라리 연습장 한 장에 [그림6-4]와 같이 자신의 고민들에 대해 생각을 진전시켜 보기를 권한다.

7

일의 성공과 자아의 성장

다이어리는 최고의 자기 계발서

나는 최근에 내가 봉사하는 단체의 소개로 맥킨지 입사를 준비하는 30대 청년과 문제 해결 능력 스터디를 진행하였다. 현직 간호사인 그 청년이 취업준비생일 때, 나는 기업 토론면접 대비과정 강사로 그와 인연을 맺었다. 그리고 다시 5년 만에 그 청년이 직업전환을 고민하는 시점에 이르러 그 청년을 만난 것이다.

5년 동안 나는 얼마만큼 발전했을까? 박사를 수료하고, 다니던 직장에서 승진도 하였다가, 나의 일을 하겠다며 퇴직을 하였다. 그리고 봉사하던 인재육성 아카데미라는 단체에서 '실행 이사'라는 직분을 받고, 문제해결능력 강사로 전문성을 높였다. 요사이는 '아이디어캐빈'이라는 다음 카페를 만들고 비즈니스 스토리텔러로 창직과 창업을 준비하는 나에게 그가 질문을 한다.

"이사님, 제 주변에 이사님 또래의 분들은 별로 꿈이 없는데 이사님은 아직도 꿈을 꾸시네요. 어떻게 그렇게 자신에게 동기를 부여할 수 있으세요?"

글쎄, 나 스스로 이토록 동기 부여를 하면서 멈추지 않고 성장하게 하는 것은 무엇일까? 아직 나는 그렇게 대단한 사람은 아니지만 내가 살면서 습관화한 다이어리 쓰기를 이야기 하고 싶다.

많은 사람들이 다이어리를 쓰지만, 나는 직접 만든 특별한 다이어리를 쓴다는 점이 좀 다르달까? 수개월 전에 업무에서 쓰던 다이어리를 변화·발전시켜 '아이디어리'라는 이름으로 출판하였다. 나는 주말이나 공휴일에도 상관없이 거의 매일 아이디어리를 쓴다. 왜냐면 내 인생이 평일에만 진행되는 것이 아니고, 아이디어리를 쓰다 보면 바쁜 일상에서 놓치지 말아야 할 것이 무엇인지 명확하게 알게 된다. 특히 구별되는 것은 업무 외에 일상계획을 중요도와 긴급도를 가려 적는다는 것이다. 예를 들어 업무회의나 행사 외에도, 읽어야 할 책이나 논문 내용, 해야 할 운동내용과 시간, 누군가 생일선물을 챙겨야 한다면 그런 내용, 그리고 자녀 방과 후 프로그램 신청 같은 것까지 중요하고 급한 일, 중요하지만 덜 급한 일, 덜 중요하지만 급한 일, 중요하지도 급하지도 않은 일로 분류한다. 딱 1개월만 이렇게 다이어리를 쓰다 보면 인생의 우선순위가 명확해진다. 그리고 우선순위에 따라 시간과 마음을 쓰다 보면, 작은 것은 비록 놓치더라도 인생은 그럭저럭 원하는 대로 굴러간다. 이것은 스티븐 코비의 성공한 사람들의 7가지 습관에서 말한 '소중한 것을 먼저 하라' 원칙이나 의사결정의 2×2 매트릭스를 따른 것이다. 이것은 알곡과 가라지가 걸러지듯 핵심을 쉽게 추리는 데 도움이 된다.

주변에는 매일 매일 바쁘게 지내지만 무슨 일을 하는지도 모르고 시간을 흘려보내는 사람들이 적지 않은데, 그들에게 이 다이어리를 슬며시 건네 본다. 그리고, 그들도 꾸준히 다이어리를 적으면서 원하는 삶을 능동적으로 맞이해 보길 바라본다.

아래의 그림과 같이 다이어리의 빈칸에서는 생각을 심화시켜야 할 주제나 사업 아이디어, 그날 나에게 영감을 주었던 내용이나 중요한 정보를 메모한다. 또 곱씹어 볼 만한 시나 간직하고 싶은 책의 내용도 적어둔다. 그리고 고민하는 문제들에 대한 아이디어를 전개하기도 한다. 다이어리에 메모한 내용을 참고로, 필요한 책을 사기도 하고, 글을 쓰거나, 강의 내용에 포함시키고, 내 커리어를 진전시키기도 한다. 스스로 다이어리를 만들어 쓰니 더 애착이 간다.

【 아이디어리 내용 】

Daily Plan

작성일자: 년 월 일 요일

중요하고 급한 일	중요하지만 덜 급한 일	덜 중요하지만 급한 일	덜 중요하고 덜 급한 일

또 아이디어리의 앞부분에는 비전을 쓰는 공간이 자기 계발영역, 가족 및 인간관계 영역, 업무영역, 사회참여영역, 재무영역, 재미있는 인생영역으로 나누어져 있다. 새 아이디어리에 비전을 써넣을 때 이렇게 쓰기만 해도 균형 잡히고 충만하게 인생의 비전이 이미 반은 달성된 것 같은 기분이 든다.

【 아이디어리 앞 부분 비전 작성 】

_______________'s Vision

영역	자기계발	가족/인간관계	업무
내용			
영역	사회참여	재무	재미있는 인생
내용			

작성일자: 년 월 일 요일

당신이 인생의 5년 뒤를 지금보다 더 충만하게, 가치 있게 업그레이드시키고 싶다면 이 작은 습관 하나, 하루에 10분 투자로 충분하다. 업무 내용뿐 아니라 자신의 인생에 대해 다이어리를 쓰는 것이다.

메모의 위력

골드만 삭스와 맥킨지에서는 노트를 매우 유용하게 활용한다. 경력과 직급에 상관없이, 아니 오히려 경력이 화려

한 사람일수록 노트를 더욱 잘 활용한다.[21]

나는 3M이라는 브랜드를 참 좋아한다. 홍보물이나 각종 문서 부착 시 청테이프와 스카치테이프의 덕도 참 많이 보았다. 또, 포스트잇 메모지나 플래그는 내 업무에 있어 Must have Item이다.

YMCA에서 처음 만났던 C 팀장은 굉장히 꼼꼼한 성격이었는데 3M의 포스트잇을 잘 활용했다. 매일 "정확하게, 또 정확하게!"를 외치고 다녔던 그녀는 항상 업무량이 많았다. 그럴 때 그녀는 해야 할 일을 작은 포스트잇 하나하나에 적어서 PC 주변에 붙이고는 일이 끝날 때마다 그 포스트잇을 하나씩 뜯곤 했다.

나도 그렇게 해보았는데, 일을 끝마쳤다는 짧은 기쁨과 앞으로 해내야 할 과제가 줄어들었다는 안도감이 동시에 느껴진다. 끝도 없이 쏟아지는 일 사이에서 짧고 굵은 의식이 된달까?

나중에 기업에서 만난 임원들은 다들 메모광이었다. 내가 만난 임원들은 전부 남자였는데, 그들은 하나같이 가슴팍에 작은 회사 수첩과 볼펜을 갖고 다녔다. 그들은 언제라도 윗사람이 지시하는 걸 받아 적고, 또 자신이 현장에 업무에서 발견한 문제점이나 아이디어를 적곤 했다. 그 내용에 다시 점검할 날짜나 완료할 기한을 덧붙이고는 반드시 해당일이 되기 전에 그 메모 내용을 확인했다.

더욱 깔끔한 성격의 L 팀장은 위와 비슷한 방식으로 적은 메모를 PC에 다시 기록했다. 그는 팀원들과 업무를 해결하고 다시 상사에게

---

21 도스카 다카마사 지음, 김대환 옮김, 『세계 최고의 인재들은 왜 기본에 집중할까』, 비즈니스북스, 2014.

보고해야 하는 위치에 있었다. 그래서 지시받은 메모 내용에 세부항목과 해결방법, 역할분담자, 해결기한 등의 내용을 첨가하여 체크리스트를 만들어 관리했다.

메모의 가장 좋은 점은 나 같은 맞벌이 엄마에다가 주경야독하는 직장인도 정말 해야 할 것을 놓치지 않게 해준다는 것이다. 직장 다닐 때는 맡은 업무나 만나야 할 사람이 많았는데, 집에 돌아와서는 자녀의 학습을 지도하고, 가계를 관리해야 했다. 또 따로 시간을 내서 학업도 지속했는데, 그럴 때 나의 다이어리와 메모, 캘린더는 정말 은인 같은 존재였다. 남편은 내가 회사 출근할 즈음에 스킨이나 속옷 같은 것이 떨어졌다고 말한다. 그리고 그날 나는 가스비와 관리비도 내야 하고, 회사에서는 3건의 간담회를 진행하고, 2건의 보고서를 작성해야 한다. 교수님께는 논문을 위한 연구모형을 제출해야 하고, 귀가해서는 아들 녀석이 좋아하는 연어 초밥을 만들어서 학습지도 시간이 되기 전에 먹여야 한다. 이럴 때 하나라도 놓치게 되면 낭패가 되는데 메모는 참 유용하다.

그러나 일과가 훨씬 단순하더라도, 메모를 하지 않으면 놓치게 된다. 맞벌이나 양육을 하지 않는 직장인이라도 무언가를 빠뜨리고 놓치고 하는 경우가 흔하다. 그럴 때면 그 사람이 휴대폰 메모나 알람기능이라도 좀 활용해보면 좋겠다 싶다.

메모는 간단하지만 정말 강력하게 당신의 바쁜 일상을 붙잡아 줄 것이다.

지금 모습이 다가 아니다

다음 4명 중 인류에게 가장 도움이 될 만한 사람은 누구일까?

- A씨: 부패한 정치인과 결탁하고, 점성술을 믿으며, 두 명의 부인이 있고, 습관적으로 줄담배와 폭음을 하는 사람.
- B씨: 두 번이나 회사에서 해고된 적이 있고, 정오까지 잠을 자며, 아편을 복용한 적이 있는 사람.
- C씨: 사생아, 9세에 강간당한 경험, 14세 미혼모가 되었고, 이후로도 주변 사람들의 성적 학대에 시달림, 마약중독과 비만 경험이 있는 사람.
- D씨: 전쟁영웅으로 채식주의자, 금연하며, 가끔 맥주만 즐긴다. 법률 위반사항 없고, 불륜 사항 없음.

많은 사람들이 D를 선택했지만, D는 아돌프 히틀러, A는 프랭클린 루즈벨트, B는 윈스턴 처칠, C는 오프라 윈프리이다.

태어나서부터 계속 꽃길만 걷는 사람이 있을까? 말도 안 되는 상황에 부닥치기도 하고, 실수나 잘못된 선택으로 귀한 시간을 허비하기도 한다. 그러나 어떤 상황에서도 자신의 인생을 다시 제대로 돌려놓을 수 있는 거라고 말하고 싶다.

류시화 시인은 자신의 책에서 방황한다고 길을 잃은 것은 아니라면서 본인의 사례를 이야기했다. 그는 문학의 길을 걷겠다고 노숙생활을 했고, 거리에서 솜사탕을 팔았으며, 직장에 진득하니 붙어 있질 못했으며, 불법체류자를 각오하며 뉴욕을 전전했다. 그가 잠언 시집을 완성하자 출판사들은 시를 읽는 독자가 적다며 출간을 거절당했고, 인도기행문을 내자 인도기행문을 읽을 독자가 없다며 또 거절당했다. 그렇게 쉽지 않은 인생을 에둘러 왔지만, 진정성 있게 본인이 원하는 삶을 추구했고, 결국 독보적인 시인이자 문학가가 되었다.

지금 당신이 혹 방황하고 있거나, 타인이 보기에 그럴싸하지 않아도, 당신이 원하는 삶의 모습에 매달려 뚜벅뚜벅 전진한다면, 당신의 10년 후는 분명 다를 것이다.

다양한 인생의 굴곡을 이겨낸 오프라 윈프리의 다음의 말은 그래서 더 가치가 있는 것 같다.
진창에서 허덕일 것인가, 꽃처럼 활짝 피어날 것인가는 언제나 당신 손에 달려 있다. 당신 삶에 가장 큰 영향을 미치는 단 하나의 존재는 언제나 당신 자신이기 때문이다.[22]

22 오프라 윈프리의 『내가 확실히 아는 것』 중에서

스타트업의 미니멀리즘

내가 회사를 그만두고 사브작 사브작 움직이고 있을 때, 정찬용[23] (사)인재육성아카데미 이사장님께서 대뜸 나에게 '용감하다'고 하셨다. 무슨 말씀인가 싶었는데, 멀쩡한 회사를 그만두고 한창 집필 중인 내 근황을 들으신 모양이다. 대부분 직장인들이 현직유지에 노력하며 새 삶에 도전하기 어려우니, 나의 선택이 쉽지 않다고 생각하셔서 하신 말씀인가 보다.

나도 사실 쉽지 않았다. 굉장히 오랫동안 불면의 밤이 있었고, 소비와 음주로 도피하던 때도 있었다. 이것을 심리학에서는 '현상유지 편향'이라고 한다. 마케팅에서는 이 현상유지 편향을 이용해 상품이나 서비스를 제공하기도 한다. 예를 들어 잡지사 신문의 경우나 신용카드를 생각해보자. 고객이 일단 한번 신청하고, 이들이 제공하는 콘텐츠나 서비스에 익숙해지면 특별한 이유가 없는 한 오랫동안 구독이나 서비스를 유지한다. 왜냐면 사람들은 현재의 익숙한 조건에서 벗어나는 것을 매우 꺼리니까 말이다. 자신에게 익숙한 것을 낯선 것으로 바꾸는 것은 모험이며, 인간이란 존재는 혜택보다 손실에 2배~2.5배 더 민감하다. 기득권을 가진 사람들이 왜 그리 자신의 것을 뺏기는 것에 악착같고, 이것을 좀 나눠 가지려는 사람들이 좀 더 점잖아 보이는 것도 다 이런 이유에서이다.

23 전) 대통령 비서실 인사수석, 전) 현대인력개발원장

아무튼, 나는 명확히 보이는 과실과 안정성을 버리고 불확실한 도전을 감행했다. 회사를 나오기 전에 받은 퇴직금이랑 모아놓은 돈도 있어서 원하는 곳에 임대를 얻고, 주식자본금 납입으로 당장 주식회사를 설립할 수도 있었지만, 나는 그러지 않았다. 대신 자문역을 하는 법인 사무실에 책상 하나를 얻어 들어갔다. 일단은 나 자신의 콘텐츠를 만드는 것이 우선이었기 때문에 사업을 벌이기보다는 책을 읽고 쓰고, 논문을 읽고 쓰고, 여행을 하고 트렌드를 읽는 데 시간을 들였다.

참 고마운 것은 나의 커리어 변화 시마다 큰 도움이 되어 주시던 (사)꿈과도전의 이사장님께서 책상이랑 전화랑 인터넷 선이랑 다 준비해 주신 것이다. 완벽한 사무실은 아니지만, 나의 연구와 프로그램 기획에는 부족함이 없었다. 교육실도 3개나 있었고, 무엇보다 사무실을 같이 쓰는 식구들이 다섯 분이나 계셔서 외롭지 않았다. 사람은 사람에게서 상처도 받지만 배우는 것도 큰데, 1인 기업인의 한계가 될 수 있는 사무 환경 대신 누군가 함께할 수 있다는 것이 좋았다. 사무실을 사용하면서 나는 (사)꿈과도전과 MOU를 맺고 경영 자문역할을 하며 프로그램 일부를 공동 기획하기로 하였다. 거친 들판에 나 혼자 설 수도 있었는데, 바람막이 점퍼는 입고 세상에 나온 것 같다. 이 은혜를 언제 다 갚을지 알 길이 없다.

스타트업은 무조건 작게 시작해야 한다. 작게 시작해야 예상치 못한 변수들에 능동적이고 유연하게 대처할 수 있다. 게다가 자존심과 체면을 접어두어야 한다. 교통과 주차가 편한 곳, 공원을 낀 현대식 빌딩의 창 넓은 사무실에 개인 연구실을 갖고 싶지만, 우선 사업이 어떻게 진전될지 모르니 투자를 하지 않았다. 나이가 가르쳐 준 지혜는 겉모습보다 내실을 갖추자는 것이다. 일을 하면서 400명이 넘는 상가 사장님들과 관계를 맺었다. 넓고 예쁜 매장이나 이름난 브랜드 매장 사장님의 눈물, 작고 허술해도 손님이 꾸준한 로또 가게나 소매점 사장님의 웃음을 지켜봤다. 또한, 나 자신도 대기업 직원이라는 허울을 벗기로 하지 않았던가? 시간을 스스로 지배하며, 소명대로 일하고 일한 것의 대가를 갈취당하지 않고 지키기로 했기 때문에 겉으로 그럴싸해 보이고 싶은 마음을 눌렀다. 대신 명함 디자인을 예쁘게 만들고, 나한테 감동이 될 만한 스토리가 뭐가 있을까 더 찾기로 했다. 그리고 외적 이미지에 대해서도 일관성 있게 어떤 포인트를 줄 수 있을지 고민하기 시작했다.

비즈니스 스토리텔링 4. 잡스와 저커버그

아이폰의 스티브 잡스와 페이스북의 마크 저커버그는 IT 기술로 사람들의 삶의 모습을 엄청나게 변화시켰다. 그러나 그 외에도 수수하고 같은 스타일의 옷차림을 고집하는 공통점이 있다.

애플의 스티브 잡스는 검은색 터틀넥과 청바지 차림으로 유명하다. 생전에 언제나 이세이 미야케의 검은색 터틀넥과 리바이스 청바지, 뉴 발란스의 회색 운동화를 즐겨 신었다. 잡스의 전기를 쓴 아이잭슨은 스티브 잡스가 같은 스타일의 옷을 고집하게 된 계기를 밝힌 바 있다. 잡스가 일본의 소니를 방문했을 때 공장에서 직원들이 똑같은 옷을 입고 있는 것을 봤다. 당시 창업주였던 아키오는 "유니폼이 직원화합에 도움이 된다."라는 이야기를 하였다. 애플에도 유니폼을 도입하면 좋겠다고 생각한 그는 소니의 유니폼 디자이너 이세이 미야케에게 애플 유니폼 디자인을 부탁한다.

귀국 후 자신이 유니폼을 애플 직원들에게 보이자, 개성과 자유를 중시하는 미국 직원들은 야유로 반대를 표했다. 이후 잡스는 미야케에게 본인이 좋아하는 블랙 터틀넥 티의 디자인을 부탁하고 수백 벌의 티셔츠를 제작하였다. 평생 입어도 충분할 정도의 티셔츠가 그의 옷장에는 가득 차 있었다고 한다.

페이스북의 대표 마크 저커버그 역시 그레이 티셔츠를 고집하는 것으로 유명하다. 어느 날, 실리콘밸리에서 열린 공개 강의시간에 그는 “왜 매일 같은 티셔츠를 입나요?”라는 질문을 받는다. 여기에서 그는 “저는 최대한 단순하게 살려고 해요. 매일 어떤 옷을 입을까, 어떤 음식을 먹을까를 생각하는 것이 피로가 쌓이게 하고 에너지를 소비시키죠.”라고 답한다. 그러면서 페이스북의 서비스가 더 발전할 수 있도록 생각하는 일에 에너지를 집중시키고 싶어서 사소한 의사결정에는 에너지를 아끼는 것이라고 하였다. 자기의 모든 에너지로 세상 사람들이 소중한 사람들과 연결될 수 있도록 하는 것이 자신의 미션이고 이것을 달성하는 것이 자기에게 소중한 것이라는 말도 덧붙였다.

호랑이는 돌진하는 소에서도 오직 목만을 겨냥한다. 다른 부위는 절대 건드리지조차 않는다. 목이라는 단 하나의 목표만 겨냥하는 것으로 자신에게도 위기가 될 수 있는 상황에서도 효율적으로 적을 공격하고 위기를 모면한다.

하나의 주제로 깊이 있게 사고하고 한 가지 일에 집중할 수 있으려면 삶에 가지치기가 필요하다. 우리가 굳이 매일 똑같은 옷을 입을 필요는 없겠지만, 내 삶에서 정말 중요한 것을 지키기 위에 불필요한 것에 시간과 정력을 낭비하는 것을 되짚어 볼 필요는 있겠다. 단순하게 살면서 중요한 것을 붙들고 사는 그것이 자신답게 사는 것이다.

먼저 주고 먼저 돕는다

조건 없이 남을 돕고 났을 때 느끼는 심리적 만족감을 헬퍼스 하이(Helper's High)라고 한다. 이 느낌을 갖게 되면 혈압과 콜레스테롤 수치는 떨어지고, 엔도르핀은 정상치의 3배 이상 올라가고 면역 항체도 강화되는 효과가 있다고 한다. 2003년 미시간대에서 5년간 연구 끝에 밝혀낸 결과다. 남을 돕는 것이 돕는 사람에게도 유익한 효과를 가져온다는 것이다. 1998년 하버드대 의과대학에서 발표한 연구 결과도 마찬가지다. 테레사 수녀처럼 남을 위해 봉사활동을 하거나, 심지어 선한 행동을 하는 것을 보기만 해도 인체의 면역 기능이 크게 향상된다는 것이다. 이를 '마더 테레사 효과' 또는 '슈바이처 효과'라고도 부르고 있다.

새로운 업이나 일을 시작할 때, 주변에 떡을 돌리고, 인사 턱을 내는 것도 먼저 주는 것이 아닌가 생각한다. 세상은 신기하게도 먼저 돕는 사람이 성공하는 것 같다.

잡스가 아버지의 차고에서 처음으로 50대의 퍼스널 컴퓨터를 주문받아 만들기 시작할 때, 월급 없이 일을 시작한 청년이 있었다. 그는 그 당시는 아무것도 받지 못했겠지만, 애플사가 상장되었을 때 새로운 혁신으로 기업이 성장해가는 기쁨과 일자리를 보장받았다.

단기적인 이익으로 손해 보지 않겠다는 각오보다는 먼저 타인을 이롭게 하겠다는 생각과 실천에 하늘도 감동한다. 최근에 TV 출연도 자주하는 애견조련사 강형욱 씨의 사례를 보자. 그는 아버지의 강아지

농장에서 강제 임신과 출산을 반복하는 강아지들에게 미안한 마음이 있었고, 초등학교 5~6학년부터는 유기견 봉사활동을 시작했다. 봉사 경험은 훈련사라면 강아지를 잘 보살펴 줄 수 있을 것이란 생각으로 이어졌고, 훈련사의 길을 택했다.

중학교 3학년이라는 어린 나이에 훈련사 교육을 받기 시작한 그는 훈련이라는 이유로 강아지를 때리고 고문하며 악몽에 시달렸고 다른 방법을 찾아 2007년 한국을 떠났다. 호주, 일본, 노르웨이 등 좋은 교육법을 찾아다닌 그는 노르웨이에서 스승 안네 릴 크밤을 만났고 '강아지도 실수할 수 있다.', '강아지를 가르치는 사람도 실수하는데, 왜 가르치는 사람은 화를 내야 하나?', '안 짖는 법이 아닌, 왜 짖는지를 알아야 한다.' 등의 교육을 받았다. 한국으로 돌아온 그는 강아지가 아닌 사람의 행동을 변화시키는 법으로 국내 독보적인 훈련사가 되었으며 고소득과 명성까지 얻게 되었다.

언제나 청년

나는 언제나 청년이 되고 싶다. YMCA 활동을 하면서 확실하게 안 것은 나이가 들어서 노인이 아니고 나이가 젊어서 청년이 아니라는 것이다. 나이가 들어도 배움을 멈추지 않고 인생을 찬미하며 열정을 가지고 있으면 청년이오, 젊더라도 도전을 멈추고 현상유지에 급급하고 이상이 없으면 이미 늙은이이다.

당신은 여전히 아침과 봄을 맞이할 때 새로움으로,
가슴이 설레는 청년인가?

여전히 하고 싶은 일이 많고, 할 수 있다는 자신감도 많은 청년인가?

여전히 가슴 뜨거운 청년인가?

오래전 TV에서 일흔 나이에 룸바, 차차차 같은 댄스를 시작하셔서 아흔 나이에 공연을 준비하고 계시는 할머니를 보았다. 참 경이로웠다.

그러나 그런 분은 TV에만 있는 것은 아니었다. 내 주위의 어른 중에 금호아시아나 그룹 김성산 부회장님은 자신을 존경하는 20·30대 청년들을 술친구라 표현하신다. 자신이 가르침을 주는 자세가 아니라 그들과 동등하게 관계를 주고받는 친구라고 말이다. 세상살이에 지친 청년들은 자기 아버지보다 더 나이가 많은 그분과 술 한잔 나누며 에너지를 얻는다. 나도 퇴사할 때 그분으로부터 겸손하고 유연하며 강한 리더십과 청렴을 덕담으로 들었다. 다른 분들의 말씀이라면 흘려 들었을 수 있겠지만, 그분은 인생 자체가 그 메시지와 일치했기 때문에 새겨들었다. 그리고 곧 일흔이 되어가는 그분의 눈빛에서 꾸준히 자신을 갈고닦는 청년의 모습을 본다.

당신은 청년으로 살 것인가, 아니면 늙은이로 살 것인가?
함께 청년으로 살자꾸나.

고래를 위하여

푸른 바다에 고래가 없으면
푸른 바다가 아니지
마음속에 푸른 바다의
고래 한 마리 키우지 않으면
청년이 아니지

푸른 바다가 고래를 위하여
푸르다는 걸 아직 모르는 사람은
아직 사랑을 모르지

고래도 가끔 수평선 위로 치솟아 올라
별을 바라본다
나도 가끔 내 마음속의 고래를 위하여
밤하늘 별을 바라본다

– 정호승, 「고래를 위하여」

다른 길로 가도,
잠시 쉬어도 괜찮다

법학과를 졸업하고 20년이 되어가니 친구들의 인생의 성취가 세속적인 기준으로 현저하게 나뉜다. 사시나 행시에 합격한 사람과 그렇지 못한 사람은 사회적 명성이나 재산, 경험 정도의 차이가 크다. 그러나 아직까지 그런 세속적인 기준은 20년간 친구들의 삶을 쭉 지켜봐 온 우리들에게는 별로 의미 있지는 않다. 각종 고시에 합격 후 판사, 검사, 변호사, 그리고 고위 공무원인 친구들이 행복해 보이거나 존경스러워 보인 적은 별로 없다. 그들은 그들 나름대로 애환이 있었고, 또 올라가야 할 목표가 있었고, 그리고 부족한 부분에 대한 목마름으로 조급해 보일 때도 있다. 그리고 약간은 거들먹거리고, 또 약간은 뻔뻔해지면서 생활인으로서의 모습을 많이 보이게 된다.

한편, 빛나는 일을 하지 않아도, 정규적인 일자리 한 번 가진 적 없지만, 항상 책을 가까이하고 과외 같은 일로 자신의 밥벌이를 하면서도 학생 시절의 웃음과 좋은 생각을 그대로 간직한 친구도 있었다. 사시 2차에서 번번이 고비를 마신 그 친구, 내가 보기에는 합격한 다른 사람과 역량이나 법적 지식이나 품성에서 절대 뒤지지 않는다. 다양한 철학과 인문학책을 꾸준히 읽고 제 앞길에 바빠 우리가 쉬이 나서지 못하는 다양한 사회적 이슈에 1인으로 꾸준히 참여하기도 하였다. 20대처럼, 아니 그때보다 더 많이 정치에 관심을 두고 부정부패에 민감하였으며 여전히 반듯하게, 그리고 순수한 마음으로 살고 있었다.

무슨 일이든 열심히 의욕적으로 많이 하며 쉼 없이 달려온 나와는 달리 그 친구는 적당한 일을 하며 여유 있게 삶을 누렸다. 굳이 많은 일을 하거나 세속적인 출세를 탐하지 않았다. 그것이 사시 합격으로 법조인이 되겠다는 꿈을 펼치지 못한 그 친구가 삶을 수용한 자세인지는 모르겠으나 나한테 신선했다.

너무나 많은 사람들이 악착같이 뭔가를 해내려고 하고 욕망과 야심에서 자신과 타인을 괴롭힌다. 나 역시 그랬다. 그러나 심신을 망가뜨릴 정도로 고단한 삶을 부추기는 사회 분위기는 개인의 극심한 피로감을 엄청난 정신력으로 극복하라고 한다. 그래야 성공한다고 말이다. 그러면 그 성공의 끝엔 무엇이 있나? 명성이나 물질적 풍요나 높아진 지위가 있을 수도 있으나 행복과는 점점 멀어질 수도 있다.

우리는 꼭 사회가 정상이라고 말하는 범주의 길로만 걸어야 할까? 그리고 또 꼭 쉼 없이 걸어야만 하는 것일까?

덴마크의 폴케호이스콜레는 이런 질문에 답을 준다. 스물아홉, 나는 ASEF(Asia Europe Fund) 후원으로 덴마크 브렌드럽이라는 지역에서 폴케호이스콜레를 수료했다. 폴케호이스콜레는 대체로 18세 이상의 덴마크 시민들이 인생의 전환기에서 입학하는 일종의 기숙학교이다. 공동체와 자신에 대한 배움을 진전시키기 위해 입학하는데, 대학이나 직장을 다니다가도 들어와 다양한 물음과 자신에 대한 답을 찾기 위해 2개월에서 10개월을 보낸다.

우리 주변에 누군가가 대학이나 회사에 다니다가 모든 것을 멈추고 같은 기간 그런 배움을 한다면 이런 반응을 쉽게 접할 것이다.

속이 없다.
미쳤거나 정신이 나갔다.
배부른 짓거리이다.

그러나 괜찮다. 젊은이들에게 괜찮다고 말해 주고 싶다.

우리는 누구나 인생에 프로가 아니다. 모두가 지금 가는 길이 내 인생의 첫걸음이다. 「꽃들에게 희망을」처럼, 끝없이 올라간 길에 끝에 아무것도 없음을 발견하기보다 그 과정에서 아름다움을 만나고 자신도 발견하길 바란다.

다른 길로 가거나 길에서 멈추거나, 아니면 되돌아가더라도 괜찮다. 다른 사람의 잣대로 내 삶을 너무 고단하게 만들지 말자.

!

참고문헌

참고문헌

이덕로, 김태열, 「직무특성이 개인 창의성에 미치는 영향」, 경영학 연구, 2008.

진현 외, 「기업 내의 조직 창의성 모델」, SERI 연구보고서, 2012.

예지은 외, 「직장인의 행복에 관한 연구」, SERI 연구보고서, 2013.

최인수, 「창의성을 이해하기 위한 여섯 가지 질문」, 한국심리학회지, 1998.

오마에 겐이치·사이토 겐이치, 『맥킨지 문제 해결의 기술』, 일빛, 2005.

제니 블레이크, 『피벗하라』, 처음북스, 2016.

이정원, 『창직이 미래다』, 해드림출판사, 2015.

앤절라 더크워스, 『그릿』, 비즈니스북스, 2016.

장수한, 『퇴사학교』, RHK, 2016.

스티븐 코비, 『성공하는 사람들의 7가지 습관』 김영사, 1994.

론다 번, 『시크릿』, 살림비즈, 2007.

홍성태, 『배민다움』, 북스톤, 2016.

좀 놀아본 언니, 『미심쩍은 상담소』, 청출판, 2014.

한석희 외, 『4차 산업혁명 어떻게 시작할 것인가』, 페이퍼로드, 2016.

이상준 외, 『브레인 디자인 트레인』, 북성재, 2013.

오연호, 『행복지수 1위 덴마크의 비밀』 사계절, 2015.

류시화, 『새는 날아가면서 뒤돌아보지 않는다』, 더숲, 2017.

조벽, 존 가트맨 외, 『내 아이를 위한 감정코칭』, 한국경제신문, 2011.

김효준, 『창의성의 또 다른 이름 TRIZ』, 인피니티북스, 2009.

클라우스 슈밥 저, 송경진 옮김, 『클라우스 슈밥의 제4차 산업혁명』, 새로운현재, 2016.

이영돈 지음, 『KBS 특별기획 다큐멘터리 마음』, 예담, 2006.

도쓰카 다카마사, 『세계 최고 인재들은 왜 기본에 집중할까』, 비즈니스북스, 2014.

Adam Grant, 『Originals』, Viking, 2016.

Simon Sinek, 『Start with why』, Portfolio, 2009.

Peter Thiel, 『Zero to One』, Crown Business, 2014.

참 고

창직으로 기존에 없는 새로운 직업을 만들거나, 자신의 사업을 시작할 때 앞선 누군가의 도움이 간절할 수 있다. 다음의 사이트들은 그런 면에서 도움이 될 수 있다.

사이트명	주소	주요 내용	평점
창업진흥원	www.kised.or.kr	교육, 사업화, 판로, 행사	★★★
창업넷	www.k-startup.go.kr	교육, 멘토링, 컨설팅, 공간 제공, 창업역량진단	★★★★☆
청년기업가 정신재단	www.koef.or.kr	교육, 창업 멘토링	★★
중소기업청	www.smba.go.kr	중소기업통계, 정부정책	★★★★☆
고용노동부	www.moel.go.kr	채용정보, 임금 체불, NCS	★★★★★
직업훈련포털	www.hrd.go.kr	각종 자격 및 시험정보, E-learning	★★★★
소상공인시장 진흥공단	www.semas.or.kr	상권정보, 지원사업 네트워크	★★★★★
한국 고용정보원	www.keis.or.kr	고용이슈, 일자리 동향	★★★★
한국직업 능력개발원	www.krivet.re.kr	고용직업 능력개발 관련 학술정보	★★★
사회적 기업 진흥원	www.socialenterprise.or.kr	사회적 기업, 조합 관련 정책지원	★★★
사회적 기업 협의회	www.ikose.or.kr	채용정보, 정책지원, 사례	★★

* 평점은 정보의 양과 효용성, 홈페이지의 네트워크 구축 정도와 운용상 안정성, 일반인의 접근성 등을 고려하여 판단함.

넥스트 커리어

펴 낸 날 2017년 6월 20일

지 은 이 김세화
펴 낸 이 최지숙
편집주간 이기성
편집팀장 이윤숙
기획편집 윤일란, 허나리
표지디자인 윤일란
책임마케팅 하철민, 장일규
펴 낸 곳 도서출판 생각나눔
출판등록 제 2008-000008호
주 소 서울 마포구 동교로 18길 41, 한경빌딩 2층
전 화 02-325-5100
팩 스 02-325-5101
홈페이지 www.생각나눔.kr
이 메 일 bookmain@think-book.com

• 책값은 표지 뒷면에 표기되어 있습니다.
ISBN 978-89-6489-727-0 03190

• 이 도서의 국립중앙도서관 출판 시 도서목록(CIP)은 서지정보유통지원시스템 홈페이지(http://seoji.nl.go.kr)와 국가자료공동목록시스템(http://www.nl.go.kr/kolisnet)에서 이용하실 수 있습니다(CIP제어번호: CIP2017013368).